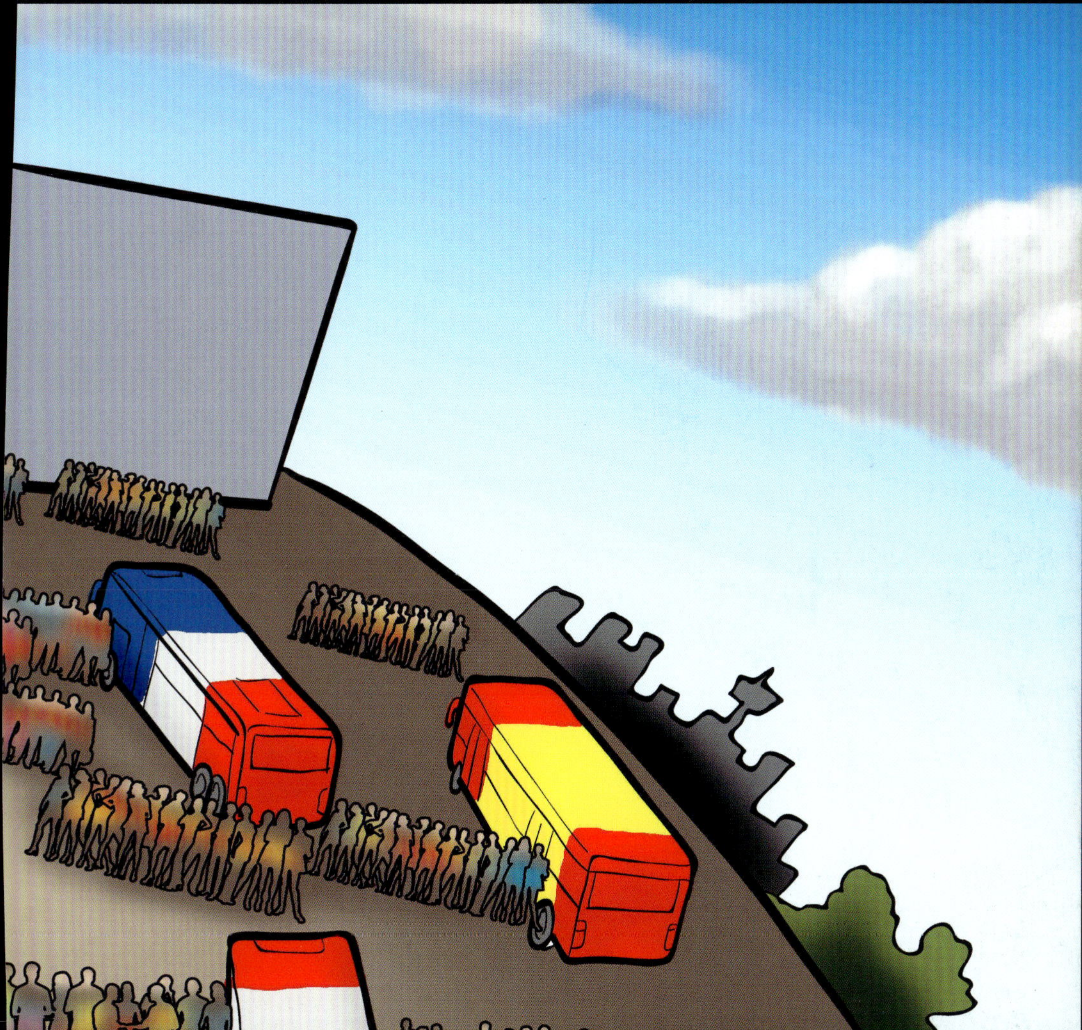

Philipp Puttkammer

Amazon – die Millionärsfabrik

EIN VERMÖGEN DANK AMAZON – EIN INSIDER PACKT AUS

Alle Angaben im Buch ohne Gewähr. Alle Angaben sind die freie Meinung des Autors und somit keiner Gewährleistung ausgesetzt. „Amazon" ist eine geschützte Marke der Amazon Europe Holding Technologies SCS.

*Bibliografische Information der Deutschen Nationalbibliothek:
Die Deutsche Nationalbibliothek verzeichnet diese Publikation in der Deutschen Nationalbibliografie; detaillierte bibliografische Daten sind im Internet über http://dnb.dnb.de abrufbar.*

Gestaltung: ***Robert Markus, qinera.de***
Technik: ***Florian Stelter, stelter-media.de***
Illustration: ***Carsten Mell, carstenmell.de***

Herstellung und Verlag: Puttkammer Vertriebs GmbH & Co. KG, Schortens

www.millionärsfabrik.de

ISBN: 978-3-00-044159-2

INHALTSVERZEICHNIS

Wie alles begann

Schon als kleiner Junge hat mich der Handel mit Waren begeistert: die richtige Ware zum richtigen Preis einzukaufen und am richtigen Ort zur richtigen Zeit gewinnbringend zu verkaufen, das ist mein Antrieb. Durch das Sportgeschäft meiner Eltern habe ich bereits in früher Kindheit täglich mit dem Handel zu tun gehabt. Messen, Kollektionsvorlagen, Werbeplanungen, Finanz- und Umsatzplanungen begleiten mich schon mein ganzes Leben. Mein Interesse und meine Freude daran sind bis heute ungebrochen.

Als ich mit 13 Jahren beim Fernsehen auf einem großen Shoppingsender hängen geblieben bin und gesehen habe, welche für Mengen in Sekundenschnelle dort verkauft wurden, habe ich mir gesagt: Das kannst du auch!

Als ich 6 Jahre später in das Unternehmen meiner Eltern eingestiegen bin, war mit eines klar: Die Zukunft liegt im Versandhandel. Und so hat es nur noch wenige Wochen gedauert, bis wir uns auf die aufsteigende Nordic-Walking-Welle gestürzt und über eBay riesige Mengen an Nordic-Walking-Stöcken verkauft haben. Während wir anfangs noch in Heimarbeit verpackten, haben wir später spezielle Versandröhren im richtigen Maß produzieren lassen, um die Stöcke optimal zu schützen. Schnell war der Markt gesättigt und es wurde immer schwerer, Stöcke zu guten Preisen zu verkaufen.

Durch die enge Zusammenarbeit mit einem führenden Hersteller entwickelten wir ein neues Konzept. Wir kauften Nordic-Walking-Stöcke, die zu lang geraten waren zu einem sehr guten Kurs und brachten diese in einer neu eingerichteten Werkstatt auf das richtige Maß. Wir konnten dem Kunden sogar individuelle Stocklängen bieten – zu einem Preis, bei dem kein anderer Händler mithalten konnte. Aus der Not heraus hatten wir also ein Geschäftskonzept entwickelt, das der Industrie ermöglichte, Lagerbestände loszuwerden, und uns dazu verhalf, gute Umsätze zu erzielen. Auch der Kunde konnte davon profitieren, indem er eines der meistverkauften Nordic-Walking-Stock-Modelle zu einem super Preis kaufen konnte.

Aus dieser Geschäftsverbindung hat sich seither enorm viel Positives entwickelt obwohl wir heute keine Nordic-Walking-Stöcke mehr führen. Durch die großen Abverkäufe haben wir unser Logistiklager erweitert und modernisiert und haben zusätzlich viele Nordic-Walking-Trainer als Kunden gewonnen, die noch heute bei uns Waren bestellen. Als dann noch einer der führenden Hersteller in Insolvenz ging und folglich keine Waren mehr liefern konnte, nutzten wir unsere Chance und verkauften exklusiv die passenden Ersatzpads (eine Art Gummistöpsel für das Laufen auf Asphalt), als niemand mehr über diese Ersatzteile verfügte. Wir ließen sie über den Kontakt zu dem ehemaligen Geschäftsführer in China produzieren. Dieses Geschäft war gleichzeitig auch der Startschuss für unser erfolgreiches Import-Geschäft.

Zudem besitzen wir heute durch diesen anhaltenden freundschaftlichen Kontakt intensive Verbindungen zu den führenden Fabriken für sämtliche Produkte im Sport- und Freizeitbereich und können qualitativ erstklassige Produkte selbst herstellen lassen.

Ich finde diese Geschichte bezeichnend für das, was im Geschäftsleben wichtig ist: Ideen, den Blick für Chancen, Professionalität und gezielte Organisation. Vor allem aber ein großes Netzwerk und Freundlichkeit in jeder Situation, denn man sieht sich immer zwei Mal im Leben – im Geschäftsleben meistens noch öfter.

Nach dem Abitur, meinem Zivildienst und diversen Weiterbildungen habe ich mich dann entschlossen, mich auf den Versandhandel zu konzentrieren. Märkte für Produkte zu suchen, durch ein großes Netzwerk die besten Lieferanten oder Hersteller zu finden, die Produkte nachhaltig am Markt zu platzieren – das ist das, was ich kann und das was mir Spaß macht. Und dafür gibt es für mich weltweit nur eine perfekt geeignete Plattform: Amazon!

Seit Jahren arbeite ich täglich nicht nur mit diversen eigenen Markenkollektionen für den Fachhandel und eigenen Webshops, sondern auch mit Amazon. Jeden Tag verbringe ich einige Stunden auf Amazon und in meinem Amazon-Verkäuferportal und jede Stunde verliebe ich mich mehr und mehr in diese Plattform. Jeder mit einer Vision und genügend Mut Chancen zu ergreifen kann hier Großes erreichen und seine Waren innerhalb weniger Minuten Millionen von Amazon-Kunden präsentieren!

Um aber in einem so hart umkämpften und schwierigen Markt wie Amazon Erfolge zu verbuchen, benötigt man fundiertes Insider-Know-how. Dieses Fachwissen möchte ich Ihnen, abseits meiner sonstigen Seminare und Beratungen, mit diesem Buch und in meinem dazugehörigen Online-Workshop vermitteln.

PHILIPP PUTTKAMMER

DAS

IST amazon

Das größte Kaufhaus der Welt

Es ist Sonntagabend, 19 Uhr: Nach kurzer Anreise befinde ich mich im größten Kaufhaus der Welt. Zusammen mit vielen anderen Kunden aus ganz Europa stöbere ich durch die Gänge. Nach intensiver Musterung meines Einkaufszettels mache ich mich auf den Weg zu Produkt Nummer eins: Socken. Und schon stehe ich vor einer riesigen Auswahl und sofort springen mir tolle Sportsocken ins Auge. Bei näherer Betrachtung entnehme ich der Produktkennzeichnung, dass bereits 27 Kunden das Produkt wärmstens weiterempfehlen können, und auch der Preis stimmt mich fröhlich. Ab damit in den Einkaufskorb. Weiter geht es zu Produkt Nummer zwei meiner Liste: Schuhspikes. Für übermorgen wurde Glatteis angesagt und meine alten Spikes taugen nichts mehr. So, da stehe ich auch schon vor dem Regal mit einer enorm großen Auswahl. Preise, Empfehlungen und Produkte schnell überflogen, und schon wandern zwei Paar Schuhspikes – gleich noch welche für meine Frau – direkt in den Warenkorb. Als Nächstes mache ich mich auf die Suche nach einem spannenden Buch als Geburtstagsgeschenk für meine Tochter und einer neuen CD für meinen Sohn. Wenige Sekunden später gesellt sich beides im Einkaufswagen zu den Spikes und den Socken. Jetzt fehlt nur noch mein Lieblingstee, den ich sonst nirgendwo finden kann, und auf die Schnelle kommt noch ein Schlitten für das nächste Wochenende hinzu, damit der Waldspaziergang im Schnee uns allen Spaß macht. Obwohl ich es nicht auf meinem Zettel hatte, schnappe ich mir auch noch das Parfüm, das mir auf dem Weg zur Kasse empfohlen wird, um meiner Frau eine kleine Freude zu machen, da die letzten Wochen so viel Stress hatte. Fertig. Jetzt noch schnell bezahlen und wenige Sekunden später liege ich wieder entspannt auf dem Sofa. Ganz ohne Stress habe ich in nur wenigen Minuten alle Produkte meines Einkaufszettels gekauft, egal wie speziell die Produkte auch waren. Wahnsinn!

UND GENAU DAS IST AMAZON –
DAS GRÖSSTE KAUFHAUS DER WELT!

Und nun stellen Sie sich einmal vor, Sie sind Händler und haben ebenfalls Schlitten im Programm, die Sie in dem größten Kaufhaus der Welt mit ins Regal stellen und so Millionen Kunden präsentieren können. Kunden, die zielgenau auf der Suche nach einem Schlitten sind. Oder aber Sie brauchen Platz und möchten sich von alten, aber gut erhaltenen CDs trennen. Stellen Sie doch auch diese CDs direkt mit ins Regal und Kunden, die genau diese CDs suchen, bekommen auch Ihre gebrauchte Variante mit angeboten.

UND AUCH DAS IST AMAZON!

Die unfassbare Erfolgsstory von Amazon beginnt im Jahre 1994. Der Computerwissenschaftler **Jeffrey „Jeff" Bezos** gründet eine Online-Buchhandlung. Im Juli 1995 wird das erste Buch verkauft. Heute, fast 20 Jahre später, ist Amazon nicht nur im Bereich Bücher und CDs eine feste Größe, sondern in fast allen Produktbereichen und Branchen. Deutschland spielt dabei eine ganz wichtige Rolle für Amazon, denn es ist der wichtigste Auslandsmarkt. 2012 wurden über amazon.de sagenhafte 8,732 Milliarden Dollar[Q] umgesetzt.

Nach diversen eigenen Webshops und dem klassischen Restposten-Verkauf auf eBay wollte ich etwas Neues im Versandhandel erreichen. So habe ich mich vor einigen Jahren dazu entschlossen, unsere Produkte auch auf diesem Marktplatz anzubieten. Nach ersten Anlaufschwierigkeiten und einer Findungsphase in Sachen Logistik und Sortiment habe ich schnell Freude am Verkaufen auf Amazon gefunden. Heute kann ich mir ein Leben ohne diesen Marktplatz kaum noch vorstellen, sowohl als Verkäufer wie auch als Kunde. Durch den regelmäßigen Umgang mit Amazon und dank meines Wissens über Produkte, Trends und Nischen freue ich mich stets aufs Neue, wenn ich meine Produktneuheiten aus allen Bereichen jeden Tag Millionen von Kunden vorstellen und sie dafür begeistern kann.

[Q] = siehe Quellenangabe ab S.251

Nur bei Amazon hat man die Möglichkeit, ohne große Investitionen Trends zu setzen und Produkte zu Top-100-Bestsellern zu machen, denen kein stationärer Handel der Welt eine Chance geben würde und trotzdem davon mehrere Tausend Stück im Jahr zu verkaufen.

In Gesprächen mit Kunden, Lieferanten, anderen Händlern und Freunden habe ich gemerkt, dass viele Menschen die Fülle der Möglichkeiten, die Amazon bereit hält, nicht begreifen. Der Markt wird nicht kleiner, sondern größer und Amazon hält hier ein beträchtliches Stück vom Kuchen für jeden bereit. Über zwei Millionen Händler weltweit sind bereits als Verkäufer bei Amazon aktiv. Mit meinem Buch möchte ich diesen Händlern Tipps und Tricks an die Hand geben, wie sie ihre Umsätze weiter ausbauen können, und neuen Händlern einen Einblick in die Welt von Amazon geben. Egal, ob nun Händler, Privatperson oder Existenzgründer. Egal, ob ich Tausende Produkte verkaufen, einzelne Restposten zu Geld machen oder alten Krempel vergolden will: Jeder Händler, jede Privatperson mit Begeisterung und Vision kann sich samt Marken und Produkten in kurzer Zeit zu einem festen Bestandteil im Leben von Millionen von Menschen weltweit machen und den eigenen Status dabei grundlegend verbessern.

Solche Chancen bietet, aus meiner Sicht, nur Amazon! Wie dieser Marktplatz funktioniert und welche unfassbaren Möglichkeiten sich jedem auf Amazon bieten, das möchte ich Ihnen gerne in meinem Workshop und in diesem Buch erzählen.

Amazon in Zahlen

Das ist Amazon

Um den Stellenwert von Amazon im heutigen Handel zu verstehen, finde ich einen Punkt in der Studie *„Why amazon matters now more than ever"* von Forrest Research unheimlich beeindruckend: **Mehr als 30 % aller Konsumenten starten ihre Produktrecherche im Internet bei Amazon, im Vergleich dazu nur 13 % bei Google.** [Q]

Klare Zielsetzung von Amazon ist sicherlich, dass diese 30 % auch fündig werden und den Kauf auf Amazon direkt abschließen. Um eine solch große Auswahl bieten zu können, hat Amazon den Marktplatz auch für andere Händler zugänglich gemacht. **Bereits mehr als zwei Millionen Händler weltweit sind mit ihren Produkten bei Amazon vertreten und verkauften im Jahr 2013 sagenhafte eine Milliarde Artikel!** [Q]

Vor einigen Jahren habe ich mit einem absoluten Nischenprodukt einen großartigen Erfolg gehabt. In wenigen Tagen habe ich mehrere Tausend Schuhspikes verkauft. Ein Produkt, das in kaum einem Geschäft dauerhaft zu finden ist, und wenn, dann nur in geringen Stückzahlen, sodass diese bei erhöhter Nachfrage wegen Glatteis ausverkauft sind. Völlig überrascht von diesem Erfolg haben wir versucht, unseren Lagerbestand aufzufüllen, denn die Nachfrage ging weit über die lieferbaren Mengen hinaus. Der Hersteller hat mir am Telefon zugesagt, dass er mir noch einige Tausend Paar Spikes liefern könne, nicht aber zu dem „normalen" Preis, da er die Spikes aus seinem Werk in der Ukraine holen müsse. Da ich mit dem höheren Einkaufspreis noch leben konnte, war es mir in diesem Moment egal, ich willigte ein.

Komischerweise erhielt ich aber nur wenige Stunden später, nämlich schon am nächsten Morgen, direkt die Paletten per Spedition geliefert. Eine angebliche Blitzlieferung aus der Ukraine konnte ich demnach ausschließen. Ich war froh, die Mengen schnell verkaufen zu können. Die Tatsache aber, wie man auf der Lieferantenseite versucht hat, aus der aktuellen Marktnachfrage mit dreisten Lügen mehr Geld herauszuschlagen, habe ich nicht einfach so hingenommen. Zusammen mit einem führenden Hersteller entwickelte ich daher meine eigenen Schuhspikes.

Seitdem läuft der Verkauf meiner Schuhspikes auf Amazon sehr gut. Der Verkauf der Schuhspikes meines ehemaligen Lieferanten jedoch nicht mehr. Wieso? Schlechte Bewertungen und ein absolut gnadenloser Preiskampf durch ein Übermaß an Anbietern, haben das Konkurrenzprodukt derart abgewertet, dass es von dem damaligen Verkaufsrang 1 bei Amazon so weit entfernt ist wie ich vom Amt des Bundespräsidenten.

Amazon – eine Wachstumsstrategie

Man könnte meinen, der Gründer von Amazon würde Jeff *Growth* Bezos heißen, denn diese Strategie verfolgt er für sein Unternehmen und seine Visionen so intensiv, als sei es sein zweiter Vorname: Growth (deutsch „Wachstum").

WACHSTUM UM JEDEN PREIS.

Seit Jahren investiert sein Unternehmen Amazon ohne Rücksicht auf Gewinne und Verluste in den Ausbau seiner Vision. Über die ganze Welt verteilt arbeiten mehr als 117.000 Mitarbeiter in rund 100 Logistikzentren, die meist mehrere Fußballfelder groß sind. Man könnte meinen, der Status als größter Buchhandel der Welt sei Jeff Bezos nicht genug gewesen, er wolle den gesamten Onlinehandel dominieren. Doch auch das scheint ihm nicht auszureichen. Bei Betrachtung der Entwicklung bekommt man den Eindruck, Jeff Bezos wolle alle Branchen beherrschen, an denen er Gefallen findet. In den meisten Fällen gelingt es ihm auch, denn Amazon ist oder wird in den einzelnen Unternehmensbereichen in den meisten Fällen zum Weltmarktführer.

Was die meisten gar nicht wissen: Neben dem Onlineshop Amazon gehören viele weitere Unternehmensbereiche zum Lebenswerk von Jeff Bezos.

- **Amazon ist der weltweit größte Web-Hosting-Anbieter:** Das Unternehmen stellt mit seinem Dienst „Amazon Web Services" Dritten seine Rechenzentren auf der ganzen Welt, sowie sein Fachwissen zur Verfügung. Andere Unternehmen können hier bei Amazon Rechenkapazitäten buchen. So kümmert sich Amazon u. a. auch um die Server des amerikanischen Geheimdienstes CIA.

- **Kindle:**
  Im November 2007 hat Amazon seinen ersten eigenen E-Book-Reader auf den Markt gebracht. Millionen von Büchern, Zeitschriften und Zeitungen können inzwischen erworben und auf dem Kindle gelesen werden. Amazon ist mittlerweile Marktführer im Bereich E-Books und Tablets. Jeff Bezos' Vision zum Kindle ist beeindruckend: *„Wir wollen nicht daran verdienen, dass die Leute das Gerät kaufen, sondern dass sie es nutzen."*

- **Amazon AppStore:**
  Der hauseigene App-Shop für Android-Apps ist auch auf dem Amazon Kindle nutzbar.

- **IMDb:**
  Auch die äußerst beliebte Internet Movie Database (IMDb, englisch für Internet-Filmdatenbank) gehört zum Amazon-Konzern. Dabei handelt es sich um eine Datenbank über Filme, Fernsehserien und Videospiele sowie über Personen, die daran mitgewirkt haben (Schauspieler, Produzenten, Regisseure etc.). Die Grundversion von IMDb ist gratis, eine Profiversion ist dagegen kostenpflichtig.

- **Lovefilm:**
  Einer der größten Online-DVD- und -Blu-ray-Verleihe sowie Video-on-Demand-Anbieter in Europa ist ebenfalls Teil der großen Amazon-Familie. Der Verleih der Videos erfolgt per Postversand. Lovefilm ist derzeit in England und in Deutschland verfügbar.

- **Zappos.com:**
  Auch der amerikanische Gigant im Bereich der Onlineshops für Schuhe und Modeartikel gehört seit 2009 zu Amazon.

- **Audible:**
  Ebenfalls seit 2009 ist einer der führenden Anbieter für kommerzielle Hörbuch-Downloads komplett in Amazon-Hand.

- **Alexa Internet:**
  Mit dem Alexa Rank werden die festgestellten Besucherzahlen ausgewertet und auf diese Weise die meistbesuchten Domains ermittelt. Das Unternehmen Alexa Internet bewertet die Websites und auch ihre Verknüpfungen untereinander. Verlinkungen zu den angefragten Seiten bilden dabei ebenso eine wichtige Grundlage. Dazu wertet Alexa Internet auch die Daten des Open Directory Projects aus. Alexa Internet wurde 1999 von Amazon übernommen.

- **Amazon Payments:**
  Webshop-Betreiber können ihren Kunden über eine Amazon-Schnittstelle die Möglichkeit bieten, über das Amazon-Kundenkonto direkt zu bezahlen. Der Webshop-Betreiber kann also darauf vertrauen, dass Amazon seinen Kunden im Umgang mit Zahlungsdaten Vertrauen bietet und ihm als Shopbetreiber gleichzeitig eine Zahlungsgarantie. Im Gegenzug entrichtet er eine Gebühr für die Abwicklung der Transaktion an Amazon.

- **BookSurge:**
  Dieser Dienst listet Tausende von Titeln, die auf Bestellung (on-demand) gedruckt werden und in Amazons Onlineshop erhältlich sind. Auch besteht die Möglichkeit als Autor ohne Risiko und Fremdverlag ein Buch „on-demand" zu veröffentlichen.

- **Amazon Instant Video:**
  Der US-Onlinehändler Amazon hat eine Reihe von Fernsehserien in Auftrag gegeben, die exklusiv als eigene Streaming-Angebote vermarktet werden sollen. Das berichtet „Business Insider". Demnach produziert Amazon mindestens elf verschiedene Pilotfolgen und hat dafür u. a. die Schauspieler John Goodman und Bill Murray verpflichten können.

- **Prime Instant Video:**
  Im Februar 2014 startete Amazon mit Prime Instant Video einen eigenen Streaming-Dienst für „Prime-Kunden", also Kunden, die gegen eine bestimmte Jahresgebühr alle Amazon-Bestellungen i. d. R. am nächsten Tag, und zwar portofrei, erhalten. Für die Prime-Gebühr, die im Jahr 2014 ca. 20 Euro pro Jahr über der normalen Gebühr

liegt, bietet Amazon seinen Kunden damit einen neuen Mehrwert, der viel Freude bereitet. Amazon macht dafür „über 12.000 Filme und Serienepisoden" verfügbar, und zwar für Kindle Fire HDX, PC/Mac, Spielekonsolen, Smart TVs sowie iPads und iPhones. Ein Streaming-Dienst für Musik ist, laut verschiedenen Medienberichten, ebenfalls in finaler Planung.

GERÜCHTE:

- **Amazon-Drohnen:**
  Amazon testet den Einsatz von Mini-Drohnen. Laut Jeff Bezos sollen die kleinen, automatischen Flugroboter zukünftig Ware schneller zum Kunden bringen. Was von vielen als Presse-Gag angesehen wird, könnte bereits in wenigen Jahren Realität werden. Was Jeff Bezos anfasst, wird in der Regel zu Gold.

- **Pay-TV:**
  In den USA soll Amazon Medienberichten zufolge einen eigenen Pay-TV-Dienst entwickeln. Das „Wall Street Journal" berichtete unter Berufung auf Insider, dass dieser Dienst über das Internet zugänglich gemacht werden soll.

- **Amazon-Flow:**
  Die Einkaufs-App von Amazon erkennt seit langer Zeit schon EAN-Codes und scannt diese automatisch, um das passende Produkt direkt auf dem Bildschirm anzuzeigen. Die neue Funktion „Flow" erkennt Gegenstände, die vor die eigene Smartphone-Kamera gehalten werden, auch ohne Barcode und bietet dieses Produkt direkt zum Kauf an.

- **Spielekonsole:**
  Die Gerüchte und Wünsche, dass Amazon eigene Spielekonsolen entwickeln und auf den Markt bringen will, gibt es schon länger. Ende Januar 2014 hat Amazon mit Double Helix Games einen Spiele-Entwickler gekauft und damit den heißen Gerüchten einen neuen Nährboden bereitet.

Das Magazin „Slate" schrieb einmal, Amazon sei eine *„Wohltätigkeitsorganisation, die zum Nutzen der Verbraucher von der Investment-Gesellschaft"*[Q] betrieben wird.

Mr. Amazon, Jeff Bezos, schwebt ein ganz großes Ziel vor. Er möchte, dass *„jeder Kunde jeden Tag einmal mit Amazon"* zu tun hat.

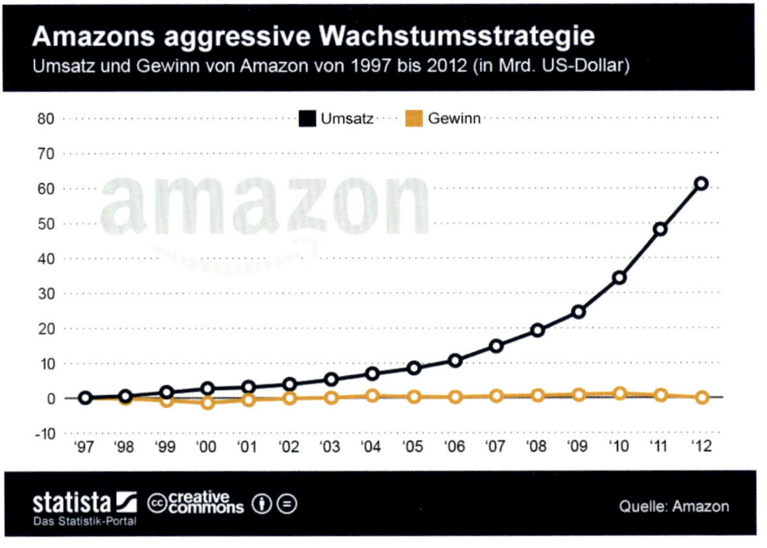

Der Umsatz explodierte von 1997 bis 2012. Hingegen bleibt der Gewinn weit unten. Dies ist ein weiteres Indiz für die sagenhafte Strategie von Jeff Bezos, die Umsatz- und Unternehmensentwicklung durch gezielte Investitionen vor den Gewinn zu stellen.

Amazon an der Börse

Der **15. Mai 1997** ist ein ganz besonderer Tag in der bewegenden Amazon-Geschichte. An diesem Tag ist das Unternehmen an die Börse gegangen. Trotz Verlustmeldungen im Vorjahr haben viele auf Amazon gesetzt und ihr Geld und Vertrauen in die goldene Hand von Jeff Bezos gelegt.

Wer zum Börsengang von Amazon am 15.05.1997 nur 1.000 US-Dollar investiert hätte, wäre heute im Besitz von Wertpapieren im Wert von mehr als **239.000 US-Dollar** (Stand: 04.11.2013). Verglichen mit einem gleichhohen Investment bei eBay, Yahoo, Google, LinkedIn oder Facebook hätte man durch den Börsengang von Amazon den deutlich größten Gewinn erwirtschaftet.

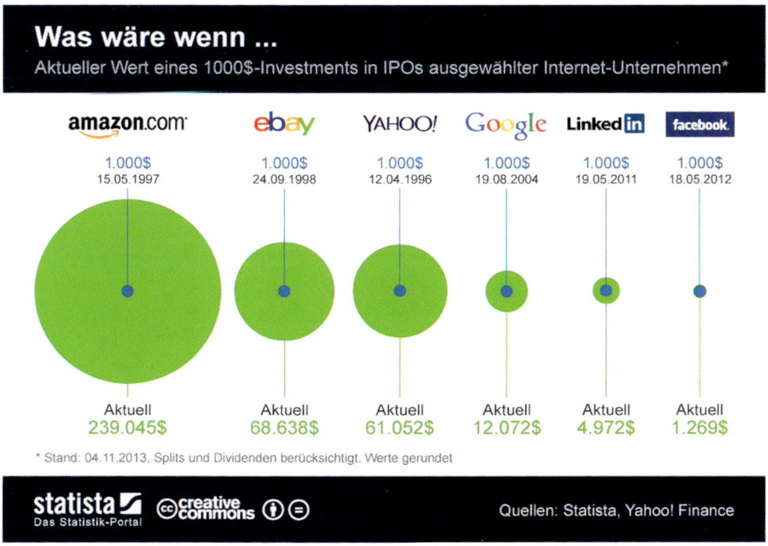

Die Amazonialisierung

Amazon verfolgt mich überall. Vor einigen Tagen bin ich mit meiner Familie in einen nahe gelegenen Elektromarkt gefahren, weil unsere alte Waschmaschine den Geist aufgegeben hatte und wir daher schnellsten Ersatz benötigten. Nun schauen wir uns also bei uns im tiefen Ostfriesland in einem Elektromarkt um und suchen nach dem für uns am besten geeigneten Gerät, das wir direkt mitnehmen können, und sogar hier verfolgt mich Amazon. Neben uns steht eine ältere Dame, die sich wirklich sehr lange von einem jungen und geduldigen Verkäufer die Unterschiede der Waschmaschinen und Marken erklären lässt.

Nachdem der Verkäufer zusammen mit der Kundin das für sie passende Modell gefunden hat, das zudem auch ihren Preisvorstellungen entsprach wollte er am Computer nach dem Lagerbestand sehen – und da passiert das Unmögliche, das für mich einfach Unfassbare und nie Vorstellbare: Die Dame zückt ihr Smartphone, öffnet ihre Amazon-App, scannt den Barcode auf dem Karton der Waschmaschine, und prüft den Preis bei Amazon. Als der Verkäufer mit einem freudigen *„Wir haben die Waschmaschine noch original verpackt im Lager und können Ihnen diese morgen gerne liefern."* zurückkommt, erwidert ihm die Dame trocken: *„Bei Amazon kostet dieses Modell 200 Euro weniger und die liefern sogar frei Haus. Schade für Sie und Tschüss, junger Mann."*

Meine Frau musste mich irgendwann anstoßen, damit ich wieder aus meiner Schockstarre erwache. Mir war klar, dass Amazon in der heutigen Zeit eine bedeutende Rolle spielt und die Generation, die mit dem Onlineshopping aufgewachsen ist, langsam ins konsumbegeisterte Alter kommt. Dass aber eine Dame, die bestimmt 75 Jahre alt ist, ihr Smartphone zückt und dem Verkäufer wie selbstverständlich den Laufpass gibt und einfach verschwindet, das hätte ich mir nie träumen lassen.

Ich bin ehrlich, auch ich kaufe 95 % aller Produkte außer Lebensmittel im Internet und davon wiederum 95 % bei Amazon. Warum? Weil ich einfach keine Zeit habe, nach der Arbeit in die Stadt zu fahren – ohne zu wissen, ob ich das, was ich suche, dort auch bekomme. Statt dort viel Zeit zu investieren, kann ich im Büro noch schnell alles bei Amazon bestellen, was ich benötige, und den Feierabend mit meiner Frau und meinen Kids verbringen. Und dabei spare ich mir nicht nur den Stress, sondern auch bares Geld, denn günstiger als bei Amazon bekomme ich es selten. Nahezu alles, was ich brauche, ist lieferbar. Es wird bestellt, bezahlt – und am nächsten Tag habe ich die Ware in der Hand. Bequemer und schneller ist es einfach nicht möglich und für mich gibt es zu Amazon auch keinerlei Alternative!

Sie kennen doch bestimmt auch die Gutscheinflyer, die den Kunden neben der Rechnung in einem Amazon-Paket erwarten. Reisen, Weine, Versicherungen und Zahnbürsten. Wir bekommen hier alles angeboten, was das Herz begehrt. Wenn Sie sich die Werbung genauer anschauen, sehen Sie wieder einmal, welchen Einfluss Amazon inzwischen auf den gesamten Handel hat.

- Tchibo hat z. B. an Weihnachten einen 25-Euro-Weihnachtsrabatt auf einige Cafissimo-Modelle und Extra-Landingpages eingerichtet. Statt für den eigenen Shop oder die Filialen zu werben, hat man eine Kooperation mit Amazon beworben. [Q]

- Die ERGO Direkt Versicherung wirbt für Zahnersatz und verspricht ihren Kunden bei Vertragsabschluss einen 10-Euro-Gutschein für amazon.de.

- Gilette, Oral-B [Q] und Braun gehen sogar noch einen Schritt weiter: Es wird ein großer Outlet-Store auf Amazon beworben mit bis zu 40 % Rabatt auf den UVP und speziellen Gutscheincodes.

- Zeitschriften und Zeitungen werben für ihre Abos oftmals mit Amazon-Gutscheinen, da diese den Vorteil besitzen, dass man so gut wie alle Leser damit ansprechen kann: Schließlich wird bei Amazon jeder die passende Abo-Prämie finden.

- Wer auf die Schnelle noch ein Geschenk braucht, kann z. B. bei Aral Amazon-Geschenkkarten kaufen: So kann sich der Beschenkte das aussuchen, was ihm wirklich Freude bereitet.

Amazon in der Praxis

Kaum einer versteht sein Handwerk so gut wie Stefan Raab – und damit meine ich nicht seine ehemaligen Metzgerfertigkeiten. Als er den innovativen Duschkopf „Doosh" auf den Markt brachte, hat er mit Lena Meyer-Landrut ein Video ins Netz gestellt, das für Aufsehen sorgte. Über **1,4 Millionen Menschen** [Q] haben sich bereits an dem Video auf YouTube erfreut und einige von ihnen haben sich vermutlich auch das Produkt gekauft.

Als Stefan Raab dann beim Sommer-„Wetten, dass …?" auf Mallorca neben Markus Lanz seinen Doosh aus der Tasche gezaubert hat, um einen großen Vortrag über seine Erfindung zu halten, sind die Verkaufszahlen bei Amazon nahezu explodiert. Die darauf folgenden Presseberichte über seinen „Doosh-Auftritt" im ZDF haben schließlich auch den Verkaufsrang bei Amazon an die Spitze seiner Kategorie katapultiert, an der er sich auch gehalten hat. Mit Butlers hat Stefan Raab einen Partner gefunden, der den Vertrieb und vermutlich auch die Organisation der Produktion übernommen hat. Statt aber nur auf dem hauseigenen Shop ***Doosh.de*** zu verkaufen, hat sich Butlers dazu entschlossen, den Doosh auch über Amazon anzubieten. Ich vermute, die Entscheider bei Butlers wissen durch ihren eigenen Shop auf Amazon, wie viele Kunden dort nach den Produkten suchen und wie sehr sie Amazon vertrauen. Um eine schnelle Abwicklung zu gewährleisten und den hohen Ansprüchen der Amazon-Kunden gerecht zu werden, lässt Butlers den Doosh zudem sogar durch Amazon versenden.

Das Produkt wurde mit tollen Fotos und Beschreibungen auf Amazon hinterlegt, ein großer Vorrat wurde direkt an Amazon geschickt und Stefan Raab hat sich nur noch um die Nachfrage gekümmert.

Egal, worum es sich handelt: Durch gute PR und innovative Ideen kann ich innerhalb von wenigen Minuten Hunderte oder sogar Tausende Exemplare von bisher unbekannten Produkten verkaufen. Man braucht „nur" die Nachfrage zu erzeugen, die Kunden suchen von alleine bei Amazon oder landen dort über den Umweg Google. Ich muss nicht mühsam weitere Kooperationen mit regionalen Märkten oder Einzelhändlern schließen, um willigen Kunden auch die Möglichkeit des Warenkaufs bieten zu können. Ich muss die Ware ganz einfach nur bei Amazon vernünftig einstellen und biete sie in wenigen Minuten Millionen Menschen zum Kauf an. Einfacher kann ich ein Produkt nicht zu einem Bestseller machen.

Q

Amazon findet auch immer mehr Beachtung in der Promotion von Künstlern. Was haben z. B. Mario Barth und die Sportfreunde Stiller gemeinsam? Sie bewerben unter ihren Fans ihre DVDs und CDs u. a. mit einem Link zu Amazon. Statt beispielsweise auf einen eigenen Shop zu verweisen und die DVDs und CDs dort mit einer besseren Marge selbst zu verkaufen, setzen die meisten Musiker bei ihrer Promotion von neuen Alben oftmals auf Links zu Amazon. Über diverse Social-Media-Kanäle machen die Künstler auf ihre neuesten Werke oder Projekte aufmerksam, meistens sogar weit im Voraus.

Um von diesen Vorankündigungen bestmöglich zu profitieren bietet Amazon seinen Kunden neben Vertrauenswürdigkeit und oftmals dem günstigsten Preis auch eine Vorbesteller-Preisgarantie! Denn die Preise neuer Produkte schwanken oft in der Zeit zwischen Vorbestellung und Veröffentlichung. Gibt der Kunde z. B. eine Vorbestellung für eine neue CD auf, erhält er diese zum günstigsten Preis den sie innerhalb dieser Zeispanne erreicht hat. Er geht also kein Risiko ein und muss nicht ständig die Preisentwicklung für sein Wunschprodukt im Auge behalten. Auch ein toller Vorteil, den Amazon seinen Kunden bietet!

Q

Oftmals könnten die Künstler den Link zu ihren eigenen Werken sogar in einen Partner-Link umwandeln und so für jede verkaufte CD über den eigenen Link noch Provisionen aus dem ***Amazon Partnerprogramm*** kassieren (Lesen Sie dazu mehr auf Seite 53). Sicherlich ist dies, bei den Mengen, die manche Künstler absetzen, auch nicht uninteressant.

Amazon dominiert den E-Commerce in Deutschland

Ein Blick auf die **Top 10 der Onlineshops in Deutschland** verdeutlicht noch einmal die Dominanz von Amazon. Auch 2012 war Amazon die Nummer 1. Bei den Umsätzen von Amazon sind noch nicht einmal die „Service-Umsätze" (z. B. Einnahmen aus Marketplace-Gebühren) enthalten: Bei den ca. **4,8 Milliarden Euro** handelt es sich also um den reinen E-Commerce-Umsatz für 2012! Zusammen mit den eigenen Shops javari.de, buyvip.com, audible.de und lovefilm.de hat Amazon Deutschland insgesamt sogar ca. **6,8 Milliarden Euro** umgesetzt!

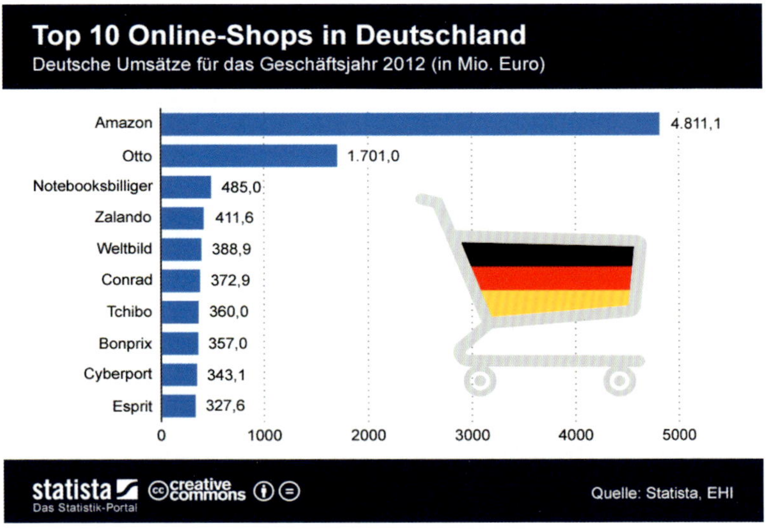

Die Bedeutung von Deutschland für Amazon

Allein im Jahr 2013 hat Amazon mit all seinen Shops und Diensten in Deutschland mehr als 10,5 Milliarden US-Dollar[Q] umgesetzt. Dies entspricht im Vergleich zu einem Umsatz von 8,76 Milliarden US-Dollar im Vorjahr einem Wachstum von mehr als sagenhaften 20,78 %, während der gesamte Onlineumsatz in Deutschland „nur" um **12,2 %** gestiegen ist. **Bezogen auf 2010 konnte Amazon seinen Umsatz hierzulande sogar verdoppeln!**

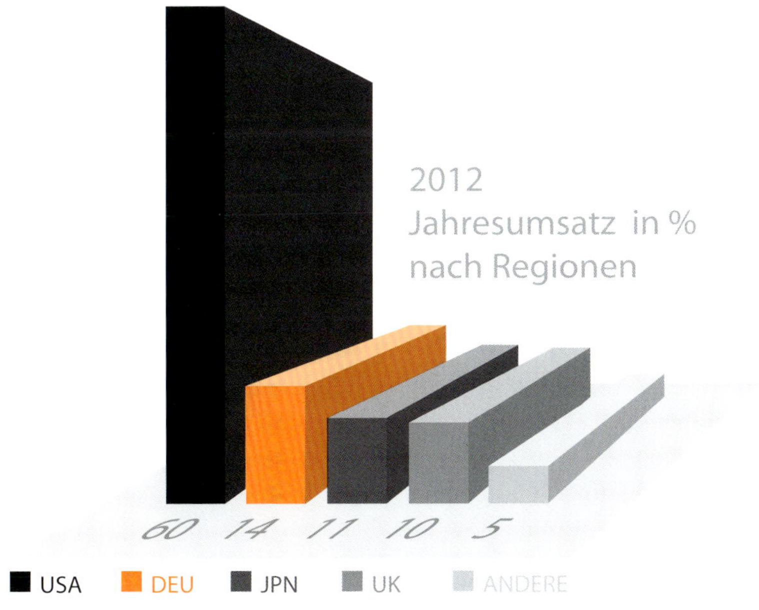

Deutschland ist der wichtigste und größte Auslandsmarkt für Amazon.

Amazon übernimmt Verantwortung[Q]

In seiner Position als eines der größten und innovativsten Unternehmen der Welt sieht Amazon auch eine Verantwortung. Was kaum einer weiß und fast niemand mit Amazon in Verbindung bringt, ist das soziale Engagement!

Amazon unterstützt viele wohltätige Organisationen wie **„Die Tafel", „SMOG – Schule ohne Gewalt", das „Deutsche Rotes Kreuz" oder auch das „Tabaluga Kinderheim" in Leipzig.** Amazon hilft hier vor allem regional, also genau dort, wo die Amazon-Mitarbeiter auch leben.

Die Tafel

Mit **„Innatura"** hat man eine Partnerschaft geschlossen, die es ermöglicht, überschüssige Warenbestände von Amazon, an gemeinnützige Einrichtungen zu verkaufen. Der Gewinn kommt einem guten Zweck zugute und hilft mit Sachspenden dort, wo Hilfe benötigt wird.

Ebenfalls unterstützt Amazon Schulen mit besonderem Förderungsbedarf mit Aktionen wie **„Lesen macht Spaß!"** – eine Initiative, bei der Grundschulklassen mit den neuesten Amazon-E-Book-Readern Kindle und digitalen Inhalten ausgestattet werden.

SMOG
Schule ohne
Gewalt

Innatura

Deutsches Rotes Kreuz

Besonders aktiv wird Amazon bei Katastrophen auf der ganzen Welt. So haben Kunden von amazon.com schon mehr als **35 Millionen Dollar** an weltweit tätige Hilfsprogramme gespendet. Amazon hat hierbei Spendenaufrufe prominent auf der Website platziert und seine Kunden um Mithilfe gebeten. **Alleine 2004 kamen über 15,7 Millionen US-Dollar durch Amazon-Aufrufe für die Tsunami-Opfer zustande.**

Lesen macht Spaß!

2013 war leider auch Deutschland von einer Flutkatastrophe betroffen. Mitarbeiter, die unter den Folgen der Flutkatastrophe gelitten haben, hat Amazon mit einer finanziellen Soforthilfe unter die Arme gegriffen und ebenfalls auf amazon.de um Spenden gebeten. In diesem Zusammenhang sind auch Direktspenden an das Deutsche Rote Kreuz geflossen. Das war ein großartiger Erfolg!

Den Zusammenhalt der Amazon-Mitarbeiter, die aus ganz Deutschland nach Leipzig geeilt sind, um die Betroffenen in den Regionen beim Kampf gegen die Flut vor Ort tatkräftig zu unterstützen, hat Amazon gefördert, indem dieses Engagement als bezahlte Arbeitszeit anerkannt wurde.

Tabaluga Kinderheim

H

Ä

P

amazon.
Logistik
ein

N

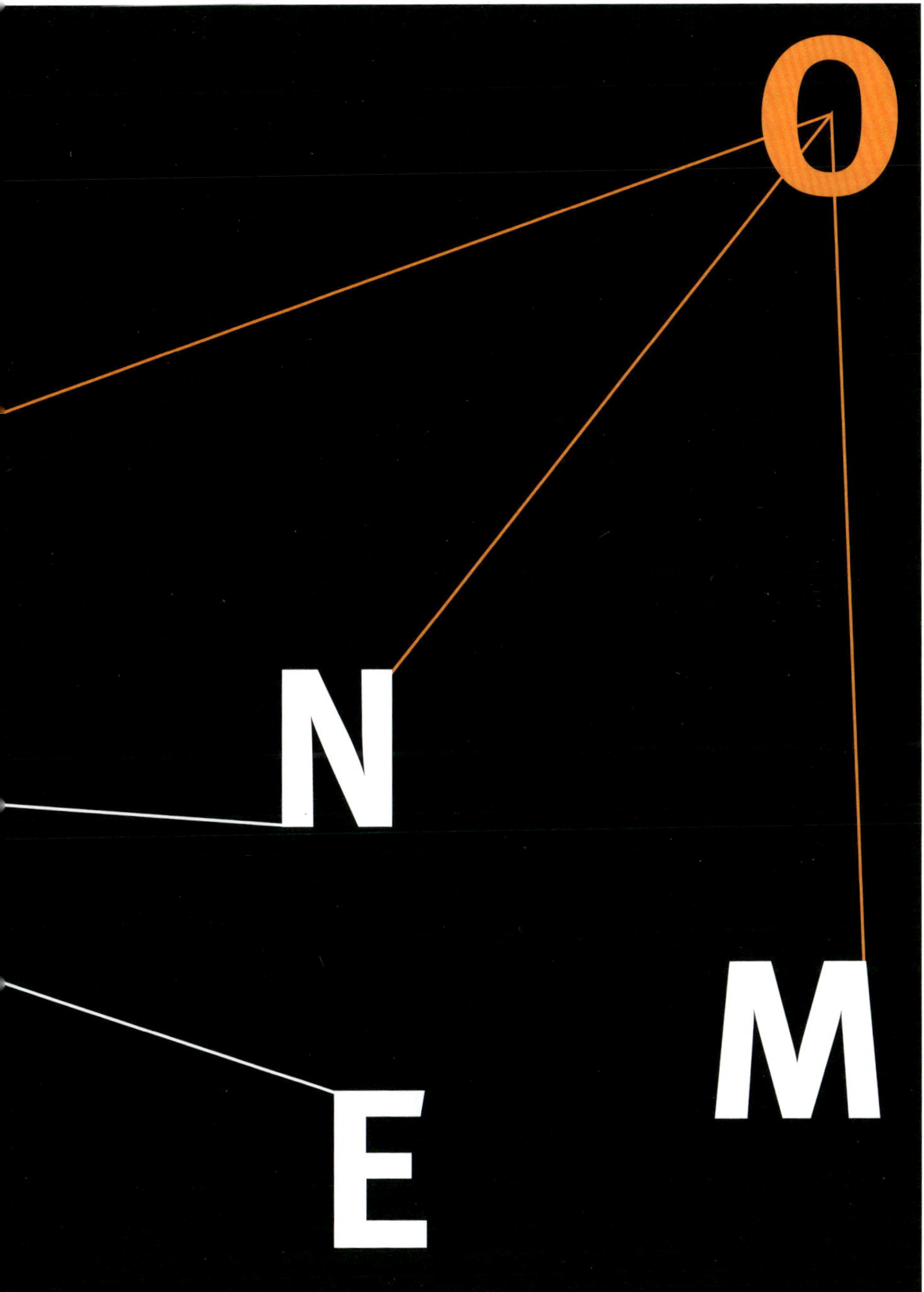
O
N
M
E

Amazon-Logistik – ein Phänomen

Dass Amazon der weltweit größte Onlinehändler ist, steht außer Frage. Was aber für ein enormer Logistik-Apparat aber dahintersteckt, möchte ich Ihnen gerne zeigen, damit Sie sehen, was sich hinter einer „einfachen" Website so alles verbergen kann …

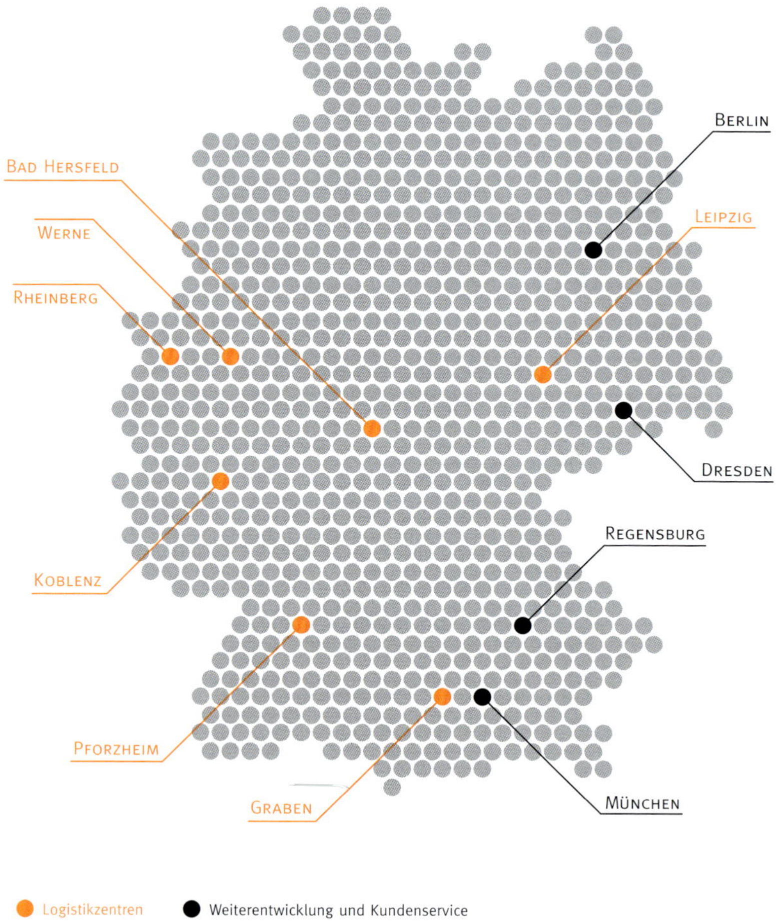

WEITERENTWICKLUNG UND KUNDENSERVICE:

München:
In der Marcel-Breuer-Straße befinden sich Vendor Management, Retail Product Management, Merchandising, Sales Support, Finance, HR, Legal, Marketing, PR und IT.

Berlin und Dresden:
Zwei Amazon-Entwicklungszentren befinden sich alleine in Deutschland. Sowohl in Berlin als auch in Dresden werden zukunftsweisende Technologien für Amazon entwickelt oder weiterentwickelt. Spezialisiert sind die Entwickler hier auf die Technologien für das Cloud-Geschäft von Amazon Web Services.

Regensburg:
Die Hauptstelle des Amazon-Kundenservice befindet sich seit 1998 in Regensburg. Von Regensburg aus werden die verschiedensten Anfragen der Amazon-Kunden per E-Mail und Telefon 24 Stunden am Tag bearbeitet.

Kundenservice-Zentrum Berlin:
Seit Juli 2011 gibt es ein zusätzliches Amazon-Kundenservice-Zentrum nahe dem Alexanderplatz im Herzen Berlins. Auch von hier aus werden die Anfragen der Amazon-Kunden bearbeitet.

LOGISTIKZENTREN:

Bad Hersfeld:
Größe: zusammen 142.000 m²
Lagerkapazität

Brieselang:
Größe: zusammen 70.000 m²
Lagerkapazität

Graben:
Größe: 110.000 m²
Lagerkapazität

Koblenz:
Größe: 110.000 m²
Lagerkapazität

Pforzheim:
Größe: 110.000 m²
Lagerkapazität

Rheinberg:
Größe: 100.000 m²
Lagerkapazität

Werne:
Größe: zusammen 130.000 m²
Lagerkapazität

Leipzig:
Größe: 75.000 m²
Lagerkapazität

Insgesamt hat Amazon allein in Deutschland Lager mit einer Größe von über 145 Fußballfeldern zur Logistikabwicklung zur Verfügung! [Q]

User vertrauen Amazon

Vertrauen von Kunden zu erlangen ist eine der schwierigsten Aufgaben, die ein Unternehmen, egal welcher Art, zu bewältigen hat. Gerade in der heutigen Zeit, in der die Medien immer mehr über Kriminalität im Internet berichten, ist es für neue Onlineshops oder Onlinehändler schwierig, Vertrauen aufzubauen.

Die Kunden müssen dem Shop ihrer Wahl ihre persönlichen Daten und ggf. sogar ihre Bankdaten anvertrauen und sie müssen sich auf die Zuverlässigkeit der Lieferung verlassen können. Gerade bei eiligen Bestellungen ist dies schon das erste Hindernis. Kann ich mich drauf verlassen, dass der Shop mir die Skisocken bis zu meinem Winterurlaub in drei Tagen auch wirklich liefert?

Eine Studie des IfD Allensbach zeigt eindeutig, welchem Onlineshop die Deutschen ihre persönlichen Daten am liebsten anvertrauen: Amazon. 27 % der befragten Personen vertrauen Amazon beim Umgang mit ihren persönlichen Daten. Im Vergleich hierzu schenken z. B. „1&1" nur 16 % ihr Vertrauen.

Der Kunde kauft bei dem Shop, dem er vertraut.
Der Kunde kauft bei Amazon.

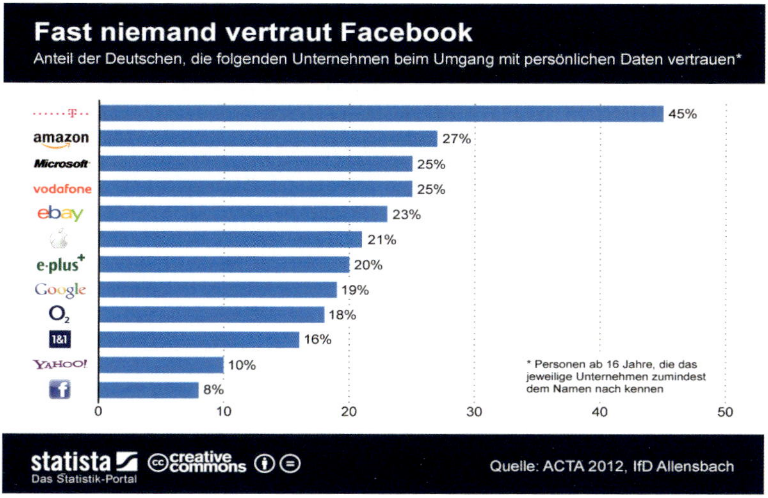

Ich kann heutzutage schnell einen eigenen Webshop eröffnen und meine Produkte dort zum Verkauf anbieten.

Selbst wenn der Kunde mich überhaupt findet und meinen Shop besucht, ist es unheimlich schwer, sein Vertrauen zu gewinnen. Alternativ ist es aber auch möglich auf Amazon zurückzugreifen. Eine Plattform, die alleine in Deutschland, Millionen Kunden hat, die regelmäßig diesem Unternehmen ihr Vertrauen schenken und auf eine professionelle und sorgfältige Lieferung der Weihnachtsgeschenke, der neuen Lampe oder auch der neuen Sportschuhe setzen. Abgewickelt durch Amazon direkt oder durch einen der vielen Amazon-Händler, die dauerhaften und intensiven Prüfungen durch den Plattformbetreiber unterstehen und deren Qualität anhand von Bewertungen, analog der Produktbewertungen, mit einer Skala von 1 bis 5 Sternen durch den Kunden sowohl geprüft als auch bewertet werden können.

Das kundenfreundlichste

Amazon verfolgt diese eine, klare Vision, die ich als Händler, der Teil dieser Erfolgsgeschichte werden möchte, verinnerlichen muss.

Unternehmen der **Welt**

PHILIPP PUTTKAMMER

G€

v m e i r t d A i

LD

m e a n z e o n

Amazon Trade-In

Wer sich als privater Verkäufer nicht selbst die Mühe machen, sondern seine Ware über Amazon anderen Kunden zum Kauf anbieten möchte, hat bei Amazon auch eine ganz bequeme Alternativmöglichkeit. Trade-In heißt das Zauberwort, ein Ankaufservice von Amazon, bei dem Sie Ihre gebrauchten Bücher, CDs, DVDs oder Games genauso eintauschen können wie Geschenke dieser Art, die Ihnen nicht gefallen. Dabei ist es auch egal, ob Sie die Produkte bei Amazon gekauft haben oder nicht. Sie schicken die Waren ein und erhalten von Amazon einen Einkaufsgutschein!

Über den EAN-Code bzw. die ISBN können Sie bei Amazon ganz schnell und sicher die richtige Version finden, denn von vielen Büchern gibt es diverse Auflagen und Ausgaben. Geeignet sind Ihre Produkte für Amazon Trade-In, wenn sie die folgenden Bedingungen erfüllen: Der einzutauschende Artikel muss vom Zustand her „wie neu", „gut" oder „akzeptabel" sein und innerhalb von sieben Tagen auf den Postweg gebracht werden. Nachdem Amazon Ihre Artikel erhalten hat, bekommen Sie innerhalb weniger Tage (i. d. R. 48 Stunden) eine E-Mail mit den Transaktionsdetails und Ihrem Gutschein.

Generell können Sie so viele Artikel eintauschen, wie Sie möchten. Gegebenenfalls müssen Sie dann Ihre Produkte in mehreren Paketen einsenden. Dazu stellt Ihnen das Amazon-System die entsprechenden Dokumente und Versandetiketten zur Verfügung.

Die Anzahl einzelner Eintauschartikel kann allerdings begrenzt sein. Dazu erhalten Sie eine Information durch das System, wenn Sie von einem Artikel mehr Produkte eintauschen möchten als erlaubt. Pro Quartal sind maximal zwei Einheiten je Artikel erlaubt. Pro Eintauschvorgang sind maximal 300 Euro in Form von Gutscheinen zu erzielen, Sie müssen daher bei höheren Tauschwerten einen neuen Eintauschvorgang starten.

Wer kann Artikel bei Amazon Trade-In eintauschen?

Sie müssen volljährig sein, einen deutschen Wohnsitz haben und den Versand zu Amazon innerhalb von Deutschland gewährleisten.

Was kann alles bei Amazon Trade-In eingetauscht werden?

Sie können Artikel aus den Kategorien „Buch“, „Filme & TV“, „PC- & Video-Games“ und „Konsolen & Games-Zubehör“ eintauschen.

Können meine Artikel bei der Prüfung auch abgelehnt werden?

Ja, wenn Ihre Artikel den Anforderungen nicht entsprechen, erhalten Sie sie innerhalb von 14 Tagen kostenlos zurück. Die Gründe der Ablehnung können Sie Ihrem Kundenkonto entnehmen.

Was können Gründe einer Ablehnung meiner Artikel sein?

Artikel, die nicht die Kriterien zur Produktauswahl erfüllen, werden als nicht akzeptabel eingestuft.

BÜCHER – NICHT AKZEPTABEL:

- Die ISBN des Artikels, den Sie eintauschen möchten, entspricht nicht der ISBN, die auf dem Packzettel aufgeführt wird oder auf der Website genannt ist.
- Artikel mit zerrissenen, losen oder fehlenden Seiten.
- Der Buchumschlag ist in einem schlechten Zustand (zerrissen, Wasserschaden oder Ähnliches).
- Der Buchrücken ist beschädigt.
- Wasserschäden (welliges Papier, Farben ausgewaschen, Seiten aufgequollen).
- Mit Klebefolie beklebte (Schul-) Bücher.
- Zum Artikel gehört zusätzliches Material wie z. B. CD-ROMs, aber die CD-ROM wurde nicht mit eingereicht.
- Zusatzmaterial wie z. B. Zugangscodes für zusätzliches Material wurde bereits benutzt.
- Studienbücher und Arbeitshefte haben bereits ausgefüllte Antworten.
- On-Demand-Print-Ausgabe.
- Als „Nicht für den Wiederverkauf" gekennzeichnete (oder auf andere Weise als nicht für den Verkauf gekennzeichnete) Bücher (z. B. Mängelexemplar, Musterexemplar, Presseexemplar).
- Büchereiexemplar.
- Feuerschäden, angebrannte Seiten, Rauchschäden.
- Starker Geruch jeglicher Herkunft (z. B. muffig, Zigarren- oder Zigarettengeruch).

FILME & TV – NICHT AKZEPTABEL:

- Die Disc ist nicht abspielbar.
- Die Disc hat einen Sprung.
- Es handelt sich um eine Verleihversion.
- Es handelt sich nicht um die Original-Disc.
- Disc ist als „nicht wiederverkäuflich" oder „nicht verkäuflich" markiert.

PC- & VIDEO-GAMES – NICHT AKZEPTABEL:

Speichermedia

- Die Disc hat einen Sprung oder Riss.
- Die Beschichtung ist beschädigt.
- Das Spiel funktioniert nicht einwandfrei.
- UPC (Universal Product Code) fehlt, z. B. weil die Disc Teil eines Sets ist oder die Disc nicht für eine Rückgabe oder einen Austausch geeignet ist.
- Das Spiel ist als „nicht wiederverkäuflich" oder „nicht verkäuflich" markiert.
- Es handelt sich nicht um die Original-Spiele-CD, sondern um eine Kopie.

Hardware (Konsolen, Zubehör)

- Lässt sich nicht einschalten (selbst im aufgeladenen Zustand).
- Artikel ist schwer beschädigt – nicht benutzbar.
- Wasserschaden.
- Artikel ist als „nicht wiederverkäuflich" oder „nicht verkäuflich" markiert.

Wie werde ich bezahlt?

Wenn die von Ihnen eingesendeten Artikel von Amazon direkt oder einem Dritthändler akzeptiert wurden, erhalten Sie innerhalb von ca. zwei Tagen einen amazon.de-Gutschein in Höhe der im Voraus genannten Summe. Dieser Gutschein wird automatisch in Ihrem Amazon-Kundenkonto verbucht und kann bei der nächsten Bestellung automatisch eingelöst werden.

Welche Portokosten entstehen mir?

Keine! Sie können ganz bequem das vorfrankierte Versandetikett ausdrucken und die Artikel kostenlos einsenden.

Wichtig: Wenn ein Artikel im Rahmen des Trade-In-Programms nicht akzeptiert und an Sie zurückgeschickt wird, kommen auch keine Kosten für diese Rücksendung auf Sie zu.

UND WIE FUNKTIONIERT DAS EINTAUSCHEN VIA AMAZON TRADE-IN?

Besuchen Sie Trade-In über *www.amazon.de/trade-in.*

Auf dieser Seite können Sie ganz bequem nach Ihren Artikeln suchen, die den Bedingungen entsprechen und in einem guten Zustand sind. Im Normalfall hat Ihr Produkt einen EAN-Code. Diesen können Sie in das Suchfeld eingeben. Dies hat zwei wichtige Vorteile für Sie:

Erstens geht es so sehr schnell, den entsprechenden Titel zu finden. Zweitens gelangen Sie auch direkt zum richtigen Artikel, denn es ist zum Teil sehr schwer, ohne EAN-Code bei Büchern z. B. die richtige Ausgabe zu identifizieren, falls es hier Sondereditionen oder Taschenbücher etc. gibt. Mit dem EAN-Code finden Sie genau das richtige Produkt und laufen nicht Gefahr, den falschen Artikel gewählt zu haben!

Wenn nun der gesuchte Artikel für den Eintausch über Amazon Trade-In geeignet ist und Sie den angebotenen Preis für Ihren Artikel akzeptieren möchten, klicken Sie den Schaltknopf › ***Jetzt eintauschen***, um eine individuelle Eintauschliste zu erstellen.

Sie wählen nun eine Adresse aus bzw. geben eine neue Adresse ein. Von dieser Adresse aus müssen Ihre Eintauschartikel versendet werden, denn diese Adresse wird auch als Rücksendeadresse für Artikel verwendet, die nicht akzeptiert werden. Sie muss daher aktuell und korrekt sein. Das Amazon-Trade-In-Programm ist nur für Adressen in Deutschland möglich.

Ihre Artikel müssen genau den angegebenen Zustandsbeschreibungen entsprechen, damit sie sich für den angebotenen Preis eignen. Für eine etwaige Rückgabe wählen Sie eine Rückgabeoption: Wenn der Artikel gemäß den Teilnahmebedingungen für Amazon Trade-In bei der Überprüfung nicht den Kriterien entspricht, können Sie entscheiden, ob Sie den Artikel wieder zurückgesendet haben möchten oder aber auch einen Gutschein mit einem geringeren Betrag akzeptieren würden.

Beim Eintauschen eines Buches können Sie sich entscheiden, ob Sie Ihren Artikel zurückgesendet haben möchten oder ob der Artikel entsorgt werden soll.

Sind alle Angaben korrekt, drucken Sie sich den Versandschein und den Packzettel aus. Legen Sie den Packzettel mit **in** das Paket und kleben Sie den Versandschein **außen** auf das Paket. So können Sie das Ganze bequem an DHL übergeben oder ggf. an einen anderen, auf dem Versandschein vermerkten Versandpartner von Amazon.

Ihre Trade-In-Anlieferung muss zwingend innerhalb von sieben Tagen nach Einreichung Ihrer Eintauschliste abgestempelt sein (Datum des Poststempels). Artikel, die später als sieben Kalendertage nach Einreichen der Eintauschliste abgestempelt wurden, können je nach Entscheidung von Amazon an die genannte Anschrift zurückgeschickt oder für den aufgeführten Trade-In-Preis akzeptiert werden.

Nachdem nun kurze Zeit später Ihre Sendung angekommen ist, überprüft und akzeptiert wurde, werden Sie den amazon.de-Gutschein in vorher avisierter Höhe erhalten.

TIPP: Sollte Ihnen der angebotene Eintauschpreis von Amazon zu niedrig sein können Sie diesen Artikel nach wie vor selbst über Amazon verkaufen. In diesem Fall werden Sie vermutlich Geduld haben müssen, können dann aber einen wesentlich höheren Preis erzielen.

Amazon Kindle

Als Autor leicht und bequem Geld zu verdienen und sich einem breiten Publikum zu präsentieren, davon träumt wohl jeder Schreiberling. **Die wenigsten aber wissen, dass genau dies bei Amazon nun möglich ist, ohne Risiko, ohne Kosten, dafür aber mit Verdienstmöglichkeiten von bis zu 70 % des Verkaufspreises!**[Q]

Mit „Kindle Direct Publishing" macht Amazon jedem Autor den Weg frei, sein Buch oder seine Bücher auch ohne Verlag direkt als E-Book bei Amazon zu listen. Dadurch behalten Sie die volle Kontrolle und müssen keine Vorleistung, hohe Abgaben an Verlagspartner oder sonstige versteckte Kosten befürchten.

Dieser Dienst von Amazon ist kostenlos. Sie müssen Ihr Buch in digitaler Version (Word-Datei, HTML-Datei oder Text-Datei) vorliegen und können über die eigens für diesen Zweck entwickelte Amazon-Plattform KDP Ihr Buch veröffentlichen. Preise, Änderungen und Verkauf bleiben in Ihrer alleinigen Kontrolle.

Es dauert keine fünf Minuten, bis Sie Ihr Buch erstellt und übertragen haben, und i. d. R. ist es innerhalb von nur 24 Stunden via Amazon für jeden der Millionen Amazon-Kunden sichtbar. Sie bekommen für jedes verkaufte Buch bis zu 70 % Autorenhonorar, ein Satz, von dem Sie bei einer Zusammenarbeit mit Verlagen wohl nur träumen können. Sie haben jederzeit den Überblick über Ihre Verkäufe und die Möglichkeit, Ihr Werk zu einem Bestseller zu machen, ohne ein Risiko einzugehen.

Die Autorin Amanda Hocking ist auf diesem Weg bereits Millionärin geworden. Sie haben etwas zu sagen und die Fähigkeit, durch Schreiben zu begeistern? Nutzen Sie die Chance!

Amazon-Partnerprogramm

Sie betreiben eine eigene Website und verdienen Ihr Geld damit, dass Sie Klicks und Verkäufe vermitteln? Auch hier ist Amazon einer der führenden Partner, und zwar mit seinem Partnerprogramm ***Amazon Partner.net***. Sie bewerben zielgruppengenaue Produkte in einem entsprechenden Umfeld für Ihre Besucher und profitieren von den Preisen, der Bekanntheit und dem Vertrauen der User weltweit in Amazon. Sobald Sie durch eine Werbung auf Ihrer Website einen Kauf in die Wege leiten, erhalten Sie eine entsprechende Provision, die durchaus interessant ist.

DIE VORTEILE DES PARTNERPROGRAMMS VON AMAZON LIEGEN AUF DER HAND:

- Die Bekanntheit und das große Sortiment von Amazon bieten eine hohe Vertrauenswürdigkeit, eine hohe Konversationsrate und die Möglichkeit, zielgruppengenaue Produkte zu bewerben.
- Die Anmeldung ist sehr einfach und Sie können innerhalb weniger Minuten beginnen, mit Ihrer Website Geld zu verdienen.
- Tracking: Sie erhalten die „Werbekostenerstattung" von Amazon auch, wenn der Kauf erst 24 Stunden später erfolgt. Oder sogar bis zu 90 Tage später, wenn der Artikel in den Warenkorb gelegt wurde.
- Amazon stellt Ihnen mit Bannern, Deeplinks und Widgets alle denkbar möglichen Werbematerialien zur Verfügung, um den Erfolg mit diesem Partnerprogramm zu gewährleisten.
- Attraktive Provisionen und Bonus-Provisionen bei hohen Stückzahlen machen das Partnerprogramm noch interessanter.

Fazit: Das Amazon-Partner.net ist einfach zu integrieren, bietet ansprechende Werbemittel, eines der größten Sortimente weltweit, gute Verkaufspreise und ein enorm großes Vertrauen bei Ihren Usern!

Amazon Payments

Vertrauen ist einer der Erfolge, die Amazon sich erarbeitet hat. Und diesen Erfolgsfaktor bietet Amazon auch anderen Onlineshops an, indem die Türen des Zahlungsdienstes „Amazon Payments" auch Dritten offen stehen.

Bezahlen über Amazon ist eine Zahlungslösung für Onlineshops, den bereits Millionen von Amazon-Kunden nutzen. Durch die Speicherung der Daten im Amazon-Kundenkonto haben die Kunden die Möglichkeit in Ihrem Onlineshop einzukaufen ohne das erneute lästige Eingeben von Versand- und Zahlungsinformationen. Auf diese Weise wird die Wahrscheinlichkeit eines zügigen Kaufabschlusses erhöht und das Vertrauen in Ihren Webshop durch Amazon weiter gestärkt.

VORTEILE:

- Kunden werden Ihnen eher vertrauen, wenn sie die Sicherheit der Zahlungsabwicklung über Amazon nutzen können.
- Amazon bietet Ihnen günstige Kostenmodelle für diesen Service.
- Zahlungssicherheit für Sie als Verkäufer und auch für Ihre Kunden.
- Die Integration in Ihren Webshop ist leicht möglich.
- Der Kauf kann durch die gespeicherten Daten schnell abgeschlossen werden.
- Sicherheit für den Kunden durch die A-bis-Z-Garantie, auch bei Einkäufen in Ihrem Webshop.

Amazon-Produktanzeigen

Neu bei uns in Deutschland sind die Amazon-Produktanzeigen. Sie haben bei Amazon die Möglichkeit, für Produkte zu werben und diese mit einer externen Website zu verknüpfen.

WAS SIND AMAZON-PRODUKTANZEIGEN?

Das Bewerben von Produkten, die nicht direkt bei Amazon sondern in externen Webshops erhältlich sind, ist über die Amazon-Produktanzeigen möglich. Sucht der Kunde nach einem Produkt, erscheint Ihr Angebot auf Amazon. Die Platzierung richtet sich danach, wie speziell Ihr Angebot ist, also auch nach den Mitbewerbern. Amazon wird Produkte, die von Amazon oder über Amazon verkauft werden, immer vorziehen. Klickt der Kunde nun auf ein solches Produkt bzw. eine solche Produktanzeige, wird er zu Ihrem externen Shop weitergeleitet und ein neues Browserfenster wird geöffnet.

WARUM BIETET AMAZON DIESE PRODUKTANZEIGEN AN?

Wie Sie in meinem Buch bereits erfahren haben, ist die erste Adresse bei Kaufgesuchen nicht z. B. Google, sondern Amazon. Um diese Attraktivität auch weiterhin zu gewährleisten wird die Produktauswahl stets vergrößert. Nun gibt es aber Produkte oder Produktgruppen, die weder Amazon noch ein Amazon-Marketplace-Händler führt. Hier sind Amazon-Produktanzeigen die ideale Ergänzung, da sie dem Kunden trotz des fehlenden Angebots bei Amazon ermöglichen das passende Produkt zu finden.

WAS KOSTEN DIE PRODUKTANZEIGEN BEI AMAZON?

Die Produktanzeigen werden nach dem Prinzip „Cost per Click" abgerechnet. Sprich: Der Kunde sieht Ihre Anzeige, findet sie interessant und klickt sie an. Dann zahlen Sie Amazon für diesen Klick eine Gebühr. Ohne interessierte Amazon-Kunden und dementsprechende Klicks auf Ihre Angebote entstehen auch keine Kosten. Die Gebühr pro Klick basiert auf einem Gebot. Gebote werden automatisch auf den Minimalbetrag für jede Gebotskategorie festgelegt. Für eine optimale Anzeigenplatzierung setzen Sie Ihre Gebote auf den höchsten Betrag, den Sie für einen Klick zu zahlen bereit sind, um sich gegen Mitbewerber durchzusetzen.

Baby	€ 0,28 - € 0,84
Elektronik & Foto	€ 0,10 - € 0,43
Baumarkt	€ 0,10 - € 0,75
Haus & Garten	€ 0,23 - € 0,61
Musikinstrumente	€ 0,18 - € 0,29
Bürobedarf & Schreibwaren	€ 0,11 - € 0,83
Computer & Zubehör	€ 0,09 - € 0,50
Spielzeug	€ 0,19 - € 0,41
Lebensmittel & Getränke	€ 0,12 - € 0,36

Q

FÜR WELCHE PRODUKTKATEGORIEN KANN ICH ANZEIGEN SCHALTEN?

Baby, Elektronik & Foto, Baumarkt, Haus & Garten, Musikinstrumente, Bürobedarf & Schreibwaren, Computer & Zubehör sowie Spielzeug. Die Kategorie Lebensmittel & Getränke bedarf einer Genehmigung durch Amazon.

WELCHEN VORTEIL BIETEN MIR DIE AMAZON-PRODUKTANZEIGEN?

Ich kann den Kunden, die auf Amazon nach genau dieser Art von Produkten suchen, mein Sortiment vorstellen. Hochwertigere Verlinkungen sind nicht möglich. Sie erreichen den Kunden genau dort, wo Sie ihn erreichen wollen und müssen.

WAS MUSS ICH TUN, UM MEINE PRODUKTE HIER ZU BEWERBEN?

Wenn Sie ein Verkäuferkonto unter ***services.amazon.de*** eröffnet haben, können Sie beginnen, Ihr Produktsortiment für das Hochladen bei Amazon-Produktanzeigen vorzubereiten.

Um Ihre Produktanzeigen zu erstellen, müssen Sie Amazon die folgenden Daten zur Verfügung stellen:

Produkttyp	Kategorisierung: Ordnen Sie Ihre Produkte der passenden Kategorie und Unterkategorie zu, um dem Kunden die bestmöglichen Treffer zu bieten.
Produkttitel	Ein Produkttitel sollte aus vier bis acht Wörtern für jedes einzigartige Produkt, ohne Abkürzungen, bestehen.
SKU	Eine Lagerhaltungsnummer (Stock Keeping Unit = SKU) für jedes einzelne Produkt, um die Produkte eindeutig unterscheiden zu können.
URL	Der Link, der zu Ihrer Produktseite in Ihrem Shop führt, auf der Kunden den Artikel kaufen können. Der Kunde sollte direkt auf der Produktdetailseite landen und nicht auf Ihrer Startseite!
Bild	Ein Bild sollte mindestens 500 x 500 Pixel groß sein und freigestellt mit weißem Hintergrund. Außerdem sollte das Produkt mehr als 80 % der Bildfläche einnehmen.
Produktpreis und Versandkosten	Produktpreis + Versandkosten werden für den Kunden sichtbar in den Produktanzeigen präsentiert. Preis und Kosten können die Platzierung beeinflussen.
UPC/EAN	Die Verwendung eines gültigen UPC oder EAN-Codes erhöht die Genauigkeit Ihrer Zuordnung. Diese Angabe ist aber nicht zwingend erforderlich.
Produktbeschreibung	Überzeugen Sie einen interessierten Kunden mit einer hochwertigen Produktbeschreibung und vermitteln Sie ihm die wichtigsten Informationen und Kaufargumente zu Ihren Produkten.

Laden Sie sich die Produktanzeigen-Dateivorlage von Amazon herunter, um eine fehlerfreie Datei zu erstellen. Wenn Sie die Datei mit allen notwendigen Daten gefüllt haben, können Sie die Datei hochladen.

Im Anschluss bestimmen Sie das Tagesbudget und sowie die Klickpreise und schon werden Ihre Produktanzeigen für Amazon freigeschaltet.

WIE KANN ICH BEZAHLEN?

Die Bezahlung erfolgt per Kreditkarte und wird erstmals bei einem Betrag in Höhe von 1 Euro fällig. Die weiteren Abbuchungen richten sich nach Tagesbudgets und aufgelaufenen Kosten.

Q

WOHIN JETZT MIT DEM GANZEN ZEUG ?!
amazon!
€

Finanzamt is watching you

Immer wieder hört man von „geheimen Operationen" der Finanzämter, um Verkäufer auf Online-Plattformen ausfindig zu machen, die weder Mehrwertsteuer, Gewerbesteuer noch Einkommensteuer aus ihren Verkaufserlösen abführen. Seit einer Betriebsprüfung im letzten Jahr weiß ich, dass den Finanzämtern in der Tat sehr hochwertiges Zahlenmaterial vorliegt, das sie mit den tatsächlich bei der Steuererklärung abgegebenen Werten schnell vergleichen können. So konnte unser Steuerprüfer ohne Probleme die monatlichen Umsatzzahlen für die Umsatzsteuer in unseren Unterlagen einsehen und diese mit den ihm vorliegenden Umsatzzahlen von Amazon und eBay vergleichen. Die Prüfung konnte er auf diese Weise für die letzten Jahre durchführen und die Soll-Werte den Ist-Werten gegenüberstellen. Es gibt mit Sicherheit eine große Anzahl an Händlern oder Privatpersonen, die online im großen Stil verkaufen, aber diese Umsätze nicht oder nicht korrekt versteuern. Sie sollten in jedem Fall bei größeren Verkäufertätigkeiten einen Steuerberater zu Rate ziehen, der Ihnen die genauen Grenzen zwischen steuerfreien Umsätzen und solchen, die Sie zu versteuern haben, aufzeigt.

XPider – dieses Wort fällt in den letzten Jahren immer wieder, wenn es um Onlineverkäufe und das Finanzamt geht. XPider ist eine Software, die das Verkaufsgeschehen im Internet, gerade auch auf Amazon und eBay, beobachtet und analysiert. Durch die Querverbindungen zu den Daten, die dem Finanzamt vorliegen, findet das System sehr schnell heraus, wer im großen Stil online verkauft, sich aber beim Thema Steuerabführung bedeckt hält.

Wenn Sie dauerhaft gewinnbringende Geschäfte betreiben oder Ware nur für den Zweck einkaufen, sie mit Gewinn wieder zu verkaufen, sind Sie ein steuerpflichtiger Händler.

PRIVATER ODER GEWERBLICHER VERKÄUFER?

Sie sind z. B. ein privater Verkäufer, wenn …

… Sie Ihr Auto oder Fahrrad verkaufen wollen.
… Sie Ihren Schmuck oder eine geerbte Sammlung verkaufen wollen.
… Sie Ihren Hausrat verkaufen wollen.

Eine Ausnahme gilt, wenn Sie z. B. Ihren Schmuck oder Münzen verkaufen, die Sie vor weniger als einem Jahr selbst gekauft haben. Ihr Gewinn abzüglich der Nebenkosten wie z. B. Verkaufsgebühren ist steuerpflichtig, wenn er mehr als 599,- EUR im Jahr beträgt.

Sie sind ein gewerblicher Verkäufer, wenn …

… Sie regelmäßig verkaufen und dabei hohe Umsätze erzielen.
… Sie Waren einkaufen, um sie wieder zu verkaufen.
… Sie einen eigenen Onlineshop betreiben.
… Sie Ihre Angebote aufwendig gestalten (z. B. durch hochwertige Produktfotos) und Ihre Angebote bewerben.

= Sie müssen die Gewinne als Einkommen versteuern.

Auch für den Privatverkauf empfehlen wir Ihnen, mit einem Rechtsanwalt Kontakt aufzunehmen, um hier etwaigen Problemen bereits im Vorfeld aus dem Weg zu gehen.

Amazon mARKET

PLACE

Jedes dritte Produkt verkauft Amazon Marketplace

Es sind unglaubliche Zahlen, die in jedem von Ihnen riesige Vorfreude auf den ersten Verkauf bei Amazon oder das enorme Potenzial, das sich im Umsatzwachstum verbirgt, wecken sollte:

Private und gewerbliche Händler haben über Amazon Marketplace im Jahr 2013 mehr als eine Milliarde Artikel (!!!) im Gesamtwert von mehr als zehn Milliarden Dollar (!!!) verkauft. [Q]

Sie sehen also, wie viele private und gewerbliche Händler diese gigantische Plattform erfolgreich nutzen.

In einem Interview mit der FAZ (13.12.2013) hat der Deutschlandchef von Amazon, Ralf Kleber, sich zum Stellenwert des Unternehmens im deutschen Einzelhandel und zu den immer wieder auftretenden Anfeindungen durch diverse Medien und Verbände geäußert: *„Man kann uns schwer vorwerfen, dass wir den Onlinehandel erfunden haben. Man kann aber die Frage stellen, warum wir beim Kunden so beliebt sind.* ***Wir haben unsere ganzen Prozesse auf den Kunden ausgerichtet. Es ist eine Symphonie aus Technik und Mitarbeitern. Unsere Kunden schätzen das.*** *"* Genau das ist das Wichtige, das, was Amazon von den vielen anderen Onlineshops und Plattformen unterscheidet. Der Kunde erhält fast alles bei Amazon oder einem „seiner" Händler und verfügt über einen ausgezeichneten Versandservice. Bequemer und professioneller geht es nicht. *„Im Internet hat jeder die gleiche Chance, umtriebig zu sein und Geschäftsmodelle neu zu erfinden. Wir haben zum Beispiel Tausenden Händlern erst eine Plattform geboten, auf der sie ihre Produkte verkaufen können"*, so Ralf Kleber. Jeff Bezos hat dazu passend kürzlich noch verlauten lassen: *„Nicht Amazon wirkt auf den Buchhandel ein, sondern der Fortschritt."* [Q]

Amazon hat eine Plattform geschaffen, die es auch über zwei Millionen (!!!) aktiven Händlern weltweit erlaubt, ihre Produkte auf Amazon zu verkaufen.

Statt immer wieder Geschichten über schlechte Arbeitsbedingungen in einer Form auszuschlachten, die völlig unangemessen ist, sollte man doch auch diese Tatsache hervorheben: Nicht nur über 117.000 Mitarbeiter[Q] finanzieren ihren Lebensunterhalt durch die Beschäftigung bei Amazon, sondern auch Hunderttausende Händler weltweit leben vom Verkauf ihrer Produkte auf dieser Plattform. Diese Händler beschäftigen ein Vielfaches an Mitarbeitern in ihren Versandlagern, im Bestellwesen und in der Buchhaltung. Millionen Menschen aus allen Bereichen weltweit hätten keinen Job, wenn Unternehmen wie Amazon oder auch seine Händler keine Pakete verschicken würden.

Der Vorstandschef und Gründer von Amazon Jeff Bezos sagte 2007 in einem Interview einen sehr bedeutenden Satz: *„Uns ist es egal, ob ein Kunde ein Produkt bei Amazon oder bei einem unserer Händler kauft. Unser Umsatz ist zwar geringer, wenn der Kunde das Produkt eines Händlers wählt, aber die Verkaufsgebühr, die wir dafür erhalten, entspricht im Durchschnitt unserem Gewinn, wenn wir es selbst verkauft hätten."* Die Bedeutung der Händler für Amazon wird in diesem Interview von ihm auch noch einmal explizit erwähnt: *„Unsere Vision ist die umfassende Auswahl. Die einzige Chance, diese umfassende Auswahl zu erreichen, ist mithilfe unserer Händler. Deshalb haben wir in dieses Geschäftsfeld auch stark investiert."*

Mehr als zwei Millionen Händler haben 2013 bei Amazon verkauft.
Mehr als eine Milliarde Artikel wurden dabei verkauft.
Mehr als zehn Milliarden Dollar Umsatz wurden dabei erzielt.
Tendenz stark steigend!

... DAS IST AMAZON – die Millionärsfabrik.

Wozu braucht Amazon den Marketplace?

Vermutlich haben Sie sich auch schon einmal gefragt, warum Amazon überhaupt seine große Einkaufswelt für Drittanbieter zugänglich macht und somit direkte Konkurrenz zulässt?

Jeff Bezos ist es *„egal"*, ob bei Amazon direkt oder einem Händler, der über Amazon verkauft, gekauft wird. Er sagt, dass Amazon so oder so verdiene und die Margen sich auch nicht großartig unterscheiden, *„ob ich selbst verkaufe oder die Provision vom Händler kassiere"*.

Wichtig ist Amazon die Auswahl, die Tatsache, dass der Kunde zu jedem noch so speziellem Bedarf ein Produkt auf Amazon findet. Diese Produktvielfalt, vor allem in Nischenbereichen, kann Amazon alleine nicht bieten und setzt daher auf seine Händler.

AMAZON SIEHT DEN AMAZON MARKETPLACE ALS KREISLAUF.

Händler erweitern mit ihren Produktangeboten die **Auswahl** auf Amazon. Dies verbessert das **Einkaufserlebnis** der Kunden durch eine größere Auswahl. Zufriedene Kunden kommen immer wieder, was die Anzahl der **Shop-Besucher** deutlich steigert. Höhere Besucherzahlen locken **noch mehr Händler** an, die den Marktplatz noch lukrativer machen. Dies alles bringt das von Amazon so geliebte **Wachstum.** Durch größeren Absatz **sinken die Kosten** für Amazon und auch für die Händler, beide können die Produkte **günstiger** anbieten, was wieder neue Kunden bringt und das **Wachstum** noch weiter fördert.

Wer kann bei Amazon verkaufen?

Um selbst Teil von Amazon zu werden und mit den eigenen Produkten die Vielfalt der Händler und die Produktauswahl der Online-Plattform zu erweitern, müssen Sie folgende **Voraussetzungen** erfüllen:

- Sie müssen eine gültige Kreditkarte oder ein Bankkonto in Deutschland oder Österreich besitzen.
- Eine Telefonnummer, unter der Sie erreichbar sind, sollte vorhanden sein.
- Verkäuferinformationen und, wenn zutreffend, Unternehmensinformationen (z. B. Unternehmensform, Land der Niederlassung, Datum der Eintragung, Handelsregisternummer, Umsatzsteuer-Identifikationsnummer etc.) müssen vorliegen.
- Kontakt- und Identitätsinformationen der zuständigen und verantwortlichen Kontaktperson und gegebenenfalls des Unternehmensvertreters müssen ebenfalls korrekt und detailliert zur Verfügung gestellt werden.

Die Kategorien

- Auto & Motorrad
- Schuhe & Handtaschen
- Baby
- Software
- Baumarkt & Werkzeuge
- Sport & Freizeit
- DVD
- Haus & Garten
- Beleuchtung
- Spielwaren
- Bücher
- VHS
- Küche & Haushalt
- Elektronik & Computer
- Kindle-Zubehör

Zur Genehmigung*

- Bekleidung*
- Parfümerie*
- Drogerie*
- Lebensmittel & Getränke*
- Uhren & Schmuck*
- Spielwaren**

* Der Verkauf in diesen Produktkategorien muss zunächst von Amazon.de genehmigt werden. Kontaktieren Sie Amazon, um sich eine Genehmigung einzuholen.

** Bitte beachten Sie, dass Sie bestimmte Kriterien erfüllen müssen, um in der Weihnachtszeit Spielwaren verkaufen zu können.

Q

Gebührenübersicht

Amazon bietet Ihnen zwei Möglichkeiten, Produkte bei Amazon zu verkaufen. Je nachdem, ob Sie einzelne Artikel oder viele Artikel verkaufen wollen können Sie zwischen zwei verschiedenen Verkäuferkonten wählen. Entscheiden Sie selbst, welches dieser beiden Modelle für Sie das richtige Verkäuferkonto ist.

Kontotyp	BASISKONTO	POWER-ANBIETERKONTO
Eignet sich für folgendes Verkaufsvolumen	Weniger als 40 Artikel pro Monat zu verkaufen	Mehr als 40 Artikel pro Monat zu verkaufen
Vorteile	Sie zahlen nur dann, wenn Sie auch tatsächlich etwas verkaufen!	Ideale Kostenstruktur für Verkäufer mit großen Verkaufsmengen!
Monatliche Gebühr	Keine	39,00 Euro netto
Feste Verkaufsgebühr pro Artikel	Euro 0,99	Keine
Variable Provision pro Artikel (richtet sich nach dem Brutto-Verkaufspreis)	7–15 %, je nach Kategorie	7–15 %, je nach Kategorie
Feste Abschlussgebühr pro Artikel	1,01 Euro (bei Büchern, Musik, Videos und DVDs fällig)	Ab 1,01 Euro (bei Büchern, Musik, Videos und DVDs fällig)
Produkte auf allen 5 europäischen Marktplätzen anbieten	✔	✔
„Versand durch Amazon" kann genutzt werden	✔	✔
Sicherheit und Schutz vor Betrug	✔	✔
Keine Listungsgebühren pro eingestellten Artikel	✔	✔
Amazon-Verkäufer-Support	✔	✔
Verkaufen Sie Produkte in allen Kategorien von Amazon	✘	✔
Angebote für 1-Click verfügbar machen	✘	✔
Jumpstart-Service nutzbar	✘	✔
APIs für Lagerbestand und Angebote nutzen	✘	✔
Statistiken und Berichte	✘	✔

Alle Angaben ohne Gewähr. Stand: 10.03.2014 [Q]

Amazon-Einkaufsteam als Feindbild

In vielen Gesprächen mit anderen Händlern, die bei Amazon verkaufen, höre ich früher oder später immer wieder den folgenden Satz:

Wenn ich ein Produkt gut verkaufe, nimmt Amazon es selbst ins Programm und verkauft es direkt. Warum sollte ich mir die Mühe machen?

In erster Linie denke ich, dass wir alle bei Amazon unsere Waren verkaufen, um Geld zu verdienen. Ich entdecke eine Marktlücke oder eine Nische, nehme ein Produkt eines neuen Herstellers auf, sammle hochwertige Fotos, Beschreibungen und Informationen und platziere das Produkt bei Amazon. Durch eine hohe Nachfrage wird das Produkt schnell zum Bestseller und bekommt super Platzierungen bei Amazon, Google und Co.

Dann ist es natürlich ärgerlich, wenn sich nun ein Mitbewerber ebenfalls hier platziert und die Produkte verkauft. Denn dann dreht sich die berühmte Preisspirale immer weiter nach unten und andere Händler profitieren von meiner Vorarbeit. Der Spaß und der Verdienst an diesem Produkt sind verloren.

An dieser Stelle kann es zudem auch passieren, dass Amazon selbst aktiv wird und dieses Produkt verkauft. Warum? Weil es der Job der Einkäufer ist, die besten Produkte zu finden und Deals mit Lieferanten abzuschließen. Das ist eine Tatsache, die einfach nicht zu leugnen ist. Man macht dies nicht, um Sie zu ärgern, sondern um möglichst viele Produkte, darunter die gefragtesten ihrer Art, selbst zu führen.

Sobald Amazon die Produkte im eigenen Sortiment hat, geben viele Händler auf. Genau das würde ich nicht tun. Wahrscheinlich verlieren Sie dieses Produkt aus dem Fokus, aber glauben Sie mir, Amazon wird durch Newsletter und andere Werbemaßnahmen dafür sorgen, dass sich der Verkauf dieses Produkts verbessern statt verschlechtern wird. Denn was würde passieren, wenn Amazon den Artikel einmal nicht liefern kann? Das passiert in Spitzenzeiten immer wieder! Genau, dann können Sie diesen Artikel in toller Stückzahl verkaufen. Diesen Umsatz würden Sie verlieren, wenn Sie den Kopf in den Sand stecken und sich ganz von dem Produkt verabschieden würden.

Verstehen Sie mich nicht falsch, ich habe schon so manches graue Haar wegen der Amazon-Einkäufer bekommen, aber so ist nunmal das Spiel und man sollte dieses trotzdem weiterspielen und neue Wege, neue Produkte finden!

TIPP: Mehr zum Thema ***Produktfindung*** und zur Abgrenzung vom Wettbewerb erfahren Sie im Online-Workshop unter ***www.millionärsfabrik.de***

Verkaufen auf Amazon – pro und kontra

Die Diskussion über das für und wider des Verkaufens bei Amazon wird wohl nie enden. Vielmehr spiegelt sie den heutigen Stellenwert von Amazon im Onlinehandel wider.

PRO

- **Neukundengewinnung:**
  Wie erwähnt suchen viele Kunden zuerst bei Amazon nach Ihrem Produkt, noch bevor sie Google bemühen. Sie haben mit der Listung Ihrer Produkte also die Möglichkeit, sich einem Millionenpublikum zu präsentieren. Sucht der Kunde dennoch bei Google nach Ihren Produkten, werden die Amazon-Ergebnisse auch immer ganz oben erscheinen, entweder durch die mächtige Stellung der Produktseiten bei Google oder durch AdWords, die Amazon auch kauft, um Kunden zum Kaufen zu animieren. Die Listung der eigenen Produkte ist hier sicherlich die beste Möglichkeit überhaupt, sie schnell und ohne jegliche Kosten bekannt zu machen!

- **Zahlungsgarantie:**
  Shop-Betreiber kennen die Probleme der Zahlungsabwicklung: Nur sehr wenige Dienste schützen vor einem Zahlungsausfall, so dass dies häufig zu Lasten des Verkäufers geht. Bei Amazon sind Ihre Verkäufe automatisch abgesichert. Ihr Geld wird nach dem Versand Ihrem Verkäuferkonto gutgeschrieben, ob der Kunde nun bezahlt hat oder nicht.

- **Hohe Preise erzielbar:**
  Meine Erfahrung zeigt, dass bei Amazon im Bereich von Nischenprodukten hohe Preise erzielbar sind, wenn der Wettbewerb klein und vor allem die Qualität der Produkte und die Kundenzufriedenheit bei diesem Produkt hoch sind.

- **Übersichtlichkeit:**
  Verglichen mit eBay ist die Übersichtlichkeit bei Amazon, meiner Meinung nach, deutlich besser. Hier gibt es jeden Artikel nur einmal und dann eben eine Übersicht der verschiedenen Händler, die diesen Artikel anbieten. Ich sehe gleich den besten Preis und die Produktbewertungen, die mir bei der Kaufentscheidung helfen. eBay z. B. führt den selben Artikel von diversen Verkäufern oft hunderte Male auf, da diese das gleiche Produkt auch noch mehrfach listen können.

- **Keine Einstellgebühr / kein Risiko:**
  Ich zahle bei Amazon außer der Monatspauschale als „Profianbieter" keine Einstellgebühren. Egal, wie viele Produkte ich liste, ich zahle nur, wenn ich verkaufe. Das Kostenrisiko geht komplett auf Amazon über, denn Amazon bewirbt alle seine Produkte bei Google und wichtigen Preissuchmaschinen und versucht, Käufe zu generieren.

KONTRA

- **Provisionen:**
  Es wird immer von viel zu hohen Provisionen bei Amazon gesprochen. Es trifft mich zwar zum einen hart, wenn ich am Jahresende sehe, wie viele Hunderttausende Euro Amazon von mir als Provision bekommen hat. Zum anderen ist mir aber auch als Onlineshop-Betreiber bewusst, was ich hätte investieren müssen, um über meinen eigenen Webshop diese Umsätze zu realisieren: Suchmaschinenoptimierung, Werbung bei Suchmaschinen, weitere Werbeaktionen, Gebühren für Preissuchmaschinen, Gebühren für die Zahlungsabwicklung und, und, und. Wenn ich mir das dann wieder vor Augen führe, finde ich die Provision absolut gerechtfertigt und muss diese einfach mit einkalkulieren. Lieber zahle ich hohe Provisionen für hohe Umsätze als wenig Provision für gar keine Umsätze!

- **Nutzungsrechte für Texte und Bilder:**
  Einen Nachteil sehe ich in der Abtretung der Nutzungsrechte von Texten und Bildern. Bei meinen eigenen Bildern tut es mir vielleicht nicht ganz so weh. Wenn ich aber Herstellerfotos verwende, gebe ich Rechte weiter, die mir gar nicht gehören. Dies kann auch schnell nach hinten losgehen. Daher sehe ich diesen Punkt durchaus negativ. Ich muss mich in einem solchen Fall um eigenes Fotomaterial bemühen und es bei meinen Produkten einspielen.

- **Auszahlung:**
  Die Auszahlung erfolgt bei Amazon alle 14 Tage. Bei hohen Umsätzen ist das eine lange Zeit, in der das Geld nicht für Sie arbeiten kann, indem Sie z. B. neue Ware damit einkaufen.

M-Commerce mit Amazon

Viele Händler unterschätzen den mobilen Markt noch heute. M-Commerce, wie man den mobilen Verkauf auch gerne nennt, ist heute mehr als ein Randphänomen der „Generation Smartphone", M-Commerce ist ein fester Bestandteil im Versandhandel.

Millionen von Nutzern weltweit greifen täglich mobil auf Amazon zu oder nutzen die Amazon-App, um sich über Produkte zu informieren oder um sie direkt zu kaufen.

Amazon hat als einer der ersten Versandhändler die Chancen und Entwicklungsmöglichkeiten des M-Commerce erkannt und sowohl die mobile Website als auch die App darauf ausgerichtet, das Kaufen der Produkte auch über Smartphones oder Tablets für den Kunden so einfach und angenehm wie möglich zu gestalten.

Prognose der Umsatzentwicklung im deutschen Online-Handel von 2010 bis 2015 (in Mrd. Euro)

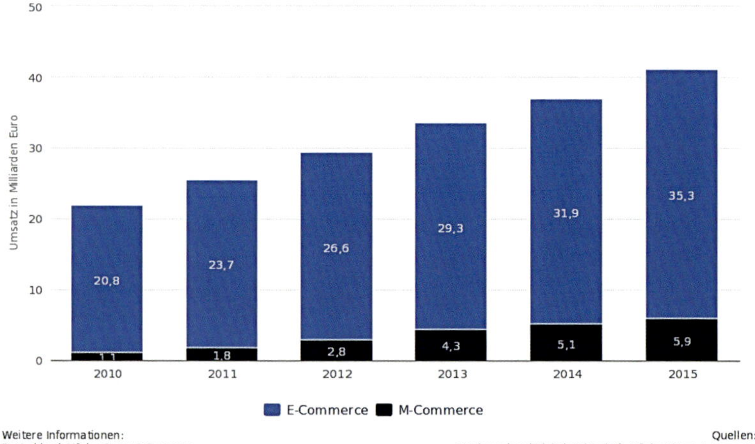

Weitere Informationen:
Deutschland; Mücke, Sturm & Company

Quellen:
Bundesverband Digitale Wirtschaft, Mücke, Sturm & Company
© Statista 2014

Sind Sie bereit für den Verkauf auf Amazon?

Wenn Sie im großen Stil neue Waren bei Amazon verkaufen wollen, dann sollten Sie alle folgenden Fragen abhaken können oder dafür sorgen, dass Sie künftig in der Lage sein werden, diese Punkte umzusetzen, denn es wird eine Menge auf Sie zukommen. Seien Sie gespannt!

- ✔ Haben Sie interessante Produkte im Sortiment, die Kunden deutschlandweit interessieren könnten?
- ✔ Sind Sie technisch in der Lage, alle Ihre Produkte entsprechend bei Amazon zu listen und zum Verkauf anzubieten?
- ✔ Kennen Sie Ihre Produkte so gut, dass Sie detaillierte Produktinformationen angeben und Rückfragen von Kunden jederzeit beantworten können?
- ✔ Sind Sie in der Lage, Kunden-E-Mails innerhalb von maximal 24 Stunden zu beantworten, auch am Wochenende oder an Feiertagen?
- ✔ Sind Sie in der Lage, zumindest jeden Werktag Pakete an Ihre Kunden zu verschicken?
- ✔ Sind Sie in der Lage, jeden Tag Rechnungen zu schreiben?
- ✔ Wollen Sie jedes Jahr viele Zehntausend Pakete versenden und einen Traumumsatz bei Amazon erzielen?
- ✔ Sind Sie auch logistisch bereit, sich zeitnah Ihrem Umsatzwachstum anzupassen, z. B. durch Einstellung neuer Mitarbeiter?

PHILIPP PUTTKAMMER

VERKAUFEN AUF AMAZON

SO GEHT's

Verkaufen auf Amazon – so geht's

Wenn Sie bereit sind für ein neues, spannendes Leben in der Welt von Amazon, freue ich mich, Sie an die Hand zu nehmen und Ihnen zu zeigen, wie Sie den Grundstein für eine erfolgreiche Zusammenarbeit legen, denn viele Versuche, auf Amazon erfolgreich zu verkaufen, enden bereits beim Einstellen des ersten Produkts.

So erstellen Sie einen Verkäufer-Account bei Amazon:

Rufen Sie *„sellercentral.amazon.de"* oder *„services.amazon.de"* auf und registrieren Sie sich als Verkäufer.

Wählen Sie im Anschluss daran zwischen den beiden Möglichkeiten eines Verkäuferkontos, je nachdem, welchen Absatz auf Amazon Sie anstreben und planen.

Wählen Sie diese Sparte, wenn Sie nur gelegentlich, also z. B. auch als Privatverkäufer, Artikel bei Amazon einstellen und daraus kein regelmäßiges Geschäft machen wollen. Sie können den Verkaufstarif auch später noch ändern!

Diesen Tarif sollten Sie wählen, wenn Sie mit Amazon ein geschäftliches Standbein aufbauen wollen und planen, hier regelmäßig Verkäufe zu tätigen.

Im Anschluss daran sind Sie angemeldet und können sich einloggen.

Im ersten Schritt fragt Amazon Sie bei der Anmeldung zu einem Verkäuferkonto, ob Sie schon über ein Kundenkonto bei Amazon verfügen, also ein Konto, über das Sie schon Waren bei Amazon bestellen.

Hier geben Sie dann zu der verwendeten E-Mail-Adresse das bekannte Passwort ein oder legen sowohl E-Mail-Adresse als auch Passwort neu fest.

Hier informiert Amazon Sie schon am Anfang der Anmeldung über die Vereinbarungen und Bestimmungen sowie die Anforderungen, um ein Verkäuferkonto zu eröffnen.

amazon seller central
europe

Bitte halten Sie Folgendes bereit, bevor Sie sich als Verkäufer bei Amazon.de registrieren:

- Ihren (Firmen-)Namen, Adresse und telefonische Kontaktdaten
- Wenn Sie eine umsatzsteuerliche Registrierung haben, Name und Adresse, die für die Registrierung verwendet wurden
- Eine deutsche oder internationale Kreditkarte mit gültiger Rechnungsadresse, beziehungsweise ein deutsches oder österreichisches Bankkonto
- Eine Telefonnummer, unter der Sie während dieses Registrierungsvorgangs erreichbar sind

Bitte stellen Sie sicher, dass Sie alle Angaben exakt so eintragen, wie in Ihrem Reisepass oder Personalausweis angegeben.

Wichtiger Hinweis für internationale Verkäufer

Falls Sie sich von einem anderen Land als Deutschland aus anmelden, sollten Sie unsere folgenden Anforderungen beachten:

- Damit wir Ihnen Ihre Verkaufserlöse auszahlen können, müssen Sie Amazon ein gültiges Bankkonto bereitstellen. Derzeit können Auszahlungen auf ein Bankkonto in den USA, Großbritannien oder einem Land der Eurozone (Belgien, Deutschland, Estland, Finnland, Frankreich, Griechenland, Irland, Italien, Luxemburg, Niederlande, Österreich, Portugal, Slowakei, Slowenien, Spanien und Zypern) vorgenommen werden.
- Sie sind verantwortlich dafür, dass bei all ihren Bestellungen die Erwartungen der Kunden hinsichtlich der Lieferzeiten erfüllt werden.
- Artikel müssen in Euro und inklusive aller Steuern angeboten werden.
- Sämtliche für Kunden sichtbaren Produktbeschreibungen und Inhalte sind in deutscher Sprache zu verfassen. Jegliche Kommunikation mit Kunden muss auf Deutsch erfolgen.
- Artikel, die Netzstecker benötigen, müssen mit landesüblichen Steckern ausgestattet sein.
- Bitte lesen Sie folgende wichtigen Informationen für internationale Verkäufer um mehr über Ihre Pflichten als internationaler Verkäufer zu erfahren.

Falls Sie diese Anforderungen nicht erfüllen, fahren Sie bitte NICHT mit der Anmeldung fort.

Haben Sie bereits ein Amazon.de-Konto, oder möchten Sie eine frühere unvollständige Registrierung fortsetzen? Hier klicken

Sollten Sie diese Daten gerade nicht zur Hand haben, besorgen Sie sich die erforderlichen Informationen, und kehren Sie anschließend zur Produktdetailseite zurück. Nach der erneuten Eingabe der Artikelinformationen werden Sie wieder auf diese Seite geleitet, um mit der Registrierung zu beginnen. Geben Sie die folgenden Informationen ein, damit diese von Amazon anerkannt und geschützt werden können.

Wie lauten Ihre Kontoinformationen?	
Vor- und Nachname:	
E-Mail-Adresse:	Verwenden Sie eine geschäftliche E-Mail-Adresse bzw. eine Adresse, deren Postfach häufig überprüft wird.
E-Mail-Adresse bestätigen:	
Kennwort:	
Kennwort bestätigen:	
Land des Wohnsitzes/Land der Niederlassung	Deutschland

Stimmen Sie unseren Vereinbarungen zu?	
	Indem Sie auf die Schaltfläche "Weiter" klicken, bestätigen Sie, dass Sie die Bedingungen gelesen haben und diesen zustimmen, wie hier beschrieben: • Amazon Payments – Verkaufen bei Amazon Nutzungsvereinbarung und Amazon Payments Datenschutzbestimmungen - Verkaufen bei Amazon • Amazon Services Europe Business Solutions Vertrag und Datenschutzerklärung von Amazon Services Europe • Amazon Payments Europe - Benutzerrichtlinien für das Verkaufen bei Amazon Sollten Sie Alkohol, Erotikartikel, verschreibungspflichtige Medikamente, verschreibungspflichtige Sehhilfen oder Messer anbieten, klicken Sie bitte hier

Weiter

TIPP: Lesen Sie sich die Vereinbarungen und Bestimmungen sorgfältig durch. Es werden viele Dinge sehr deutlich, die Sie auf Amazon nicht machen dürfen. Vermeiden Sie Verwarnungen oder Suspendierungen.

Nachdem Sie sich nun bereit erklärt haben, mit Amazon zu den genannten Bedingungen zusammenzuarbeiten, können Sie die Einrichtung des Verkäuferkontos beginnen.

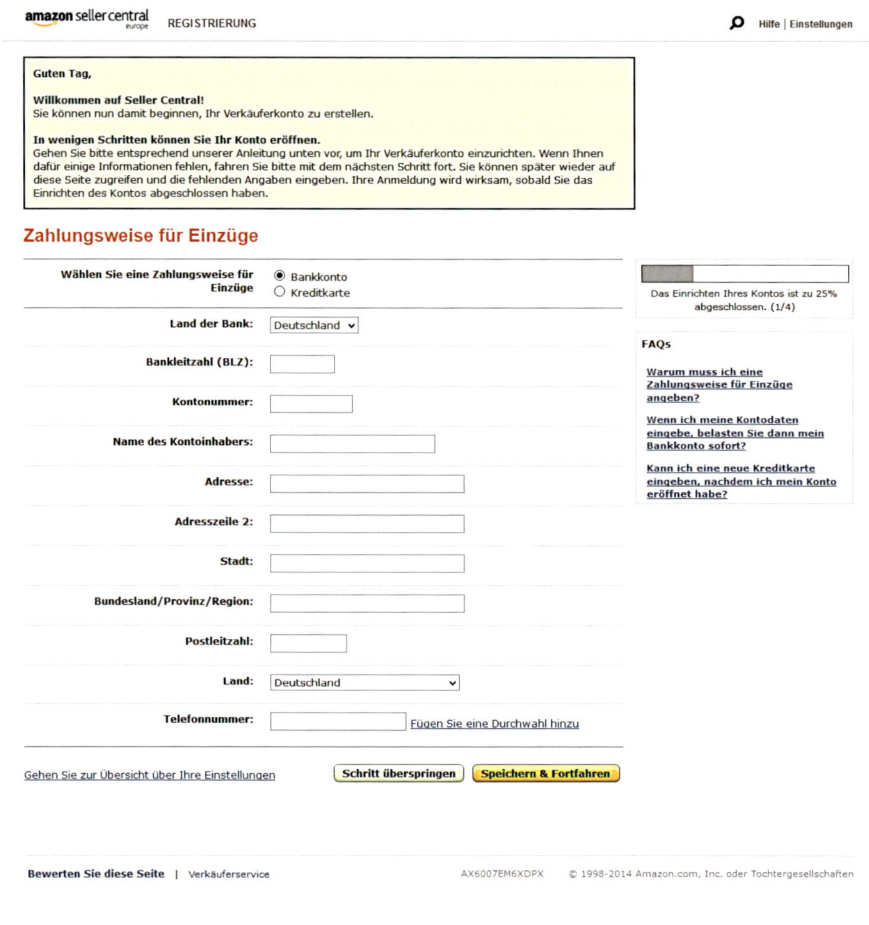

Ihre Bank- und Adressdaten werden hier abgefragt.

Nun legen Sie fest, ob Sie gewerblich oder privat auf Amazon verkaufen wollen, und geben die weiteren Daten ein. Bei gewerblichen Verkäufern werden zudem noch Informationen zu Ihrem Unternehmen abgefragt, wie z. B. die Handelsregisternummer, die Sie griffbereit haben sollten.

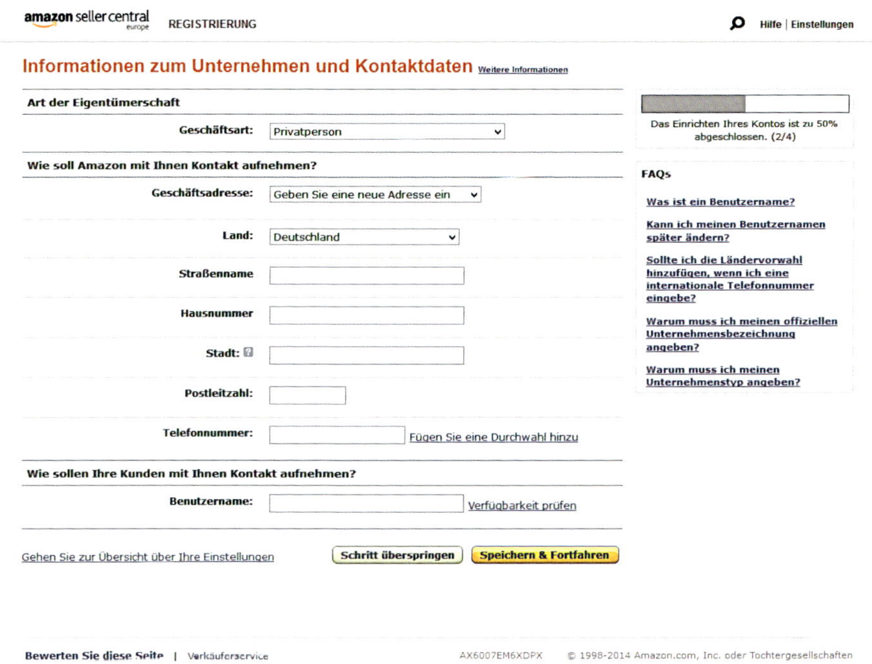

Zum Ende dieses Formulars wählen Sie ganz überlegt bitte noch Ihren Wunsch-Benutzernamen.

TIPP: Bereits hier sollten Sie, wenn vorhanden, Ihre Umsatzsteuer-Identnummer an Amazon übermitteln, damit Sie umsatzsteuerbefreite Rechnungen erhalten.

Amazon führt nun eine Verifizierung durch, um zu prüfen, ob hinter der angegebenen Telefonnummer auch tatsächlich Ihr Anschluss steckt. Dies kann per SMS oder Telefon mittels eines PIN-Codes erfolgen, den Sie anschließend in dieser Maske eingeben.

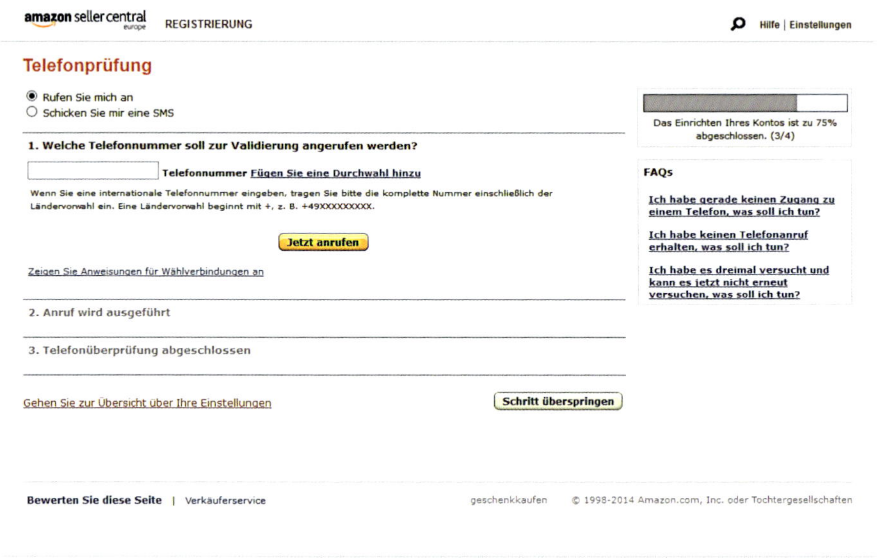

Nach erfolgreicher Verifizierung per Telefon ist die Anmeldung Ihres Amazon-Verkäuferkontos abgeschlossen und Sie können beginnen, in die Verkaufswelt von Amazon einzutauchen.

Wenn Sie den Anmeldeprozess erfolgreich abgeschlossen haben, können Sie nun Ihre Verkaufszentrale bei Amazon betreten. Ihre persönliche „Amazon SellerCentral" erreichen Sie unter

„sellercentral.amazon.de"

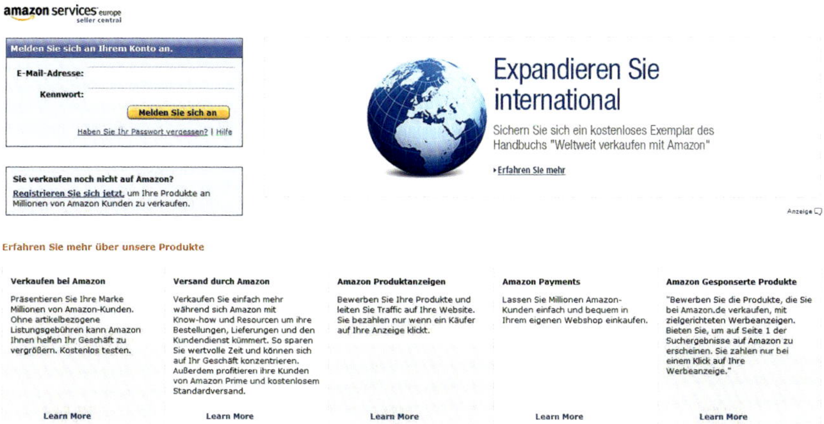

TIPP: Sie sollten gleich zu Beginn unter › ***Einstellungen*** › ***Ihre Informationen und Richtlinien*** neben Ihrem Logo auch die Informationen eingeben, die rechtlich notwendig sind. Bitte unbedingt von einem Fachanwalt beraten lassen, um Abmahnungen und Ärger vorzubeugen. Siehe auch ab Seite 114.

BEGRIFFSKLÄRUNG

ASIN	Amazon-Standard-Identifikationsnummern (ASIN) sind eindeutige Folgen von zehn Buchstaben und/oder Ziffern. Bei Büchern entspricht die ASIN der ISBN-Nummer. Bei allen anderen Produkten wird jedoch durch das Amazon-System automatisch eine neue ASIN angelegt, wenn der Artikel dem Amazon-Katalog hinzugefügt wird. Die ASIN des Artikels finden Sie auf der Produktdetailseite neben weiteren Einzelheiten zu dem jeweiligen Artikel.
SKU	Die Stock Keeping Unit (SKU – deutsch: Bestandseinheit) ist eine eindeutige Kennzeichnung eines Artikels. Sie entspricht Ihrer Artikelnummer, die Sie intern für bestimmte Produkte oder Produktvarianten vergeben. Im Gegensatz zur ASIN können Sie die SKU frei bestimmen und festlegen.
EAN	Die European Article Number (EAN) ist ein Barcodestandard. Anhand dieses aus 12 oder 13 Ziffern bestehenden Codes können Produkte genau identifiziert werden. Über die EAN werden Produkt, Hersteller und Produkteigenschaften eindeutig festgelegt. Anhand von EAN-Codes können Produkte eindeutig zugeordnet werden.
UPC	Der Universal Product Code (UPC) ist ein 12-stelliger Barcode, der in den USA weit verbreitet ist.
ISBN	Die Internationale Standardbuchnummer (ISBN) ist eine Folge von Zahlen zur eindeutigen Kennzeichnung von Büchern. ISBN bestehen aus 10 oder 13 Ziffern. Alle nach dem 1. Januar 2007 vergebenen ISBN sind 13-stellig. In der Regel wird die ISBN auf der Rückseite des Buchs aufgedruckt. ISBN können auch für andere Medien als Bücher verfügbar sein.

PRODUKTE LISTEN

Amazon bietet Ihnen als Verkäufer verschiedene Möglichkeiten, um Ihre Produkte zu listen. Generell sollten Sie sich zwischen dem **manuellen Hinzufügen** und dem Listen per **Textdatei** entscheiden.

Während Sie bei der manuellen Listung die Produkte einzeln anlegen müssen oder können, sind Sie bei der Textdatei in der Lage, auch große Mengen z. B. direkt aus Ihrer Warenwirtschaft zu exportieren und bei Amazon zu importieren. Auch Variantenartikel, z. B., wenn es verschiedene Farben oder Größen gibt, müssen in einer Textdatei erfasst werden.

Zum Listen per Textdatei müssen Sie sich unter › ***Lagerbestand*** › ***Mehrere Artikel hochladen*** die für Sie passende › ***Vorlage für Lagerbestandsdatei*** herunterladen. Sie erhalten dann eine Datei, die Sie in Excel bequem öffnen können, samt ausführlicher Einweisung in die Funktionsweisen und Anforderungen.

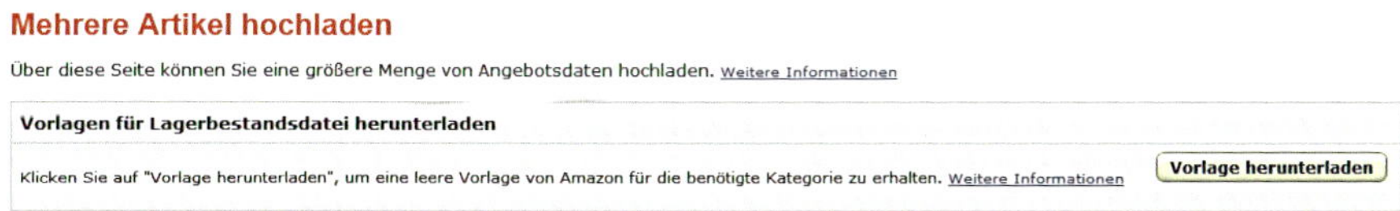

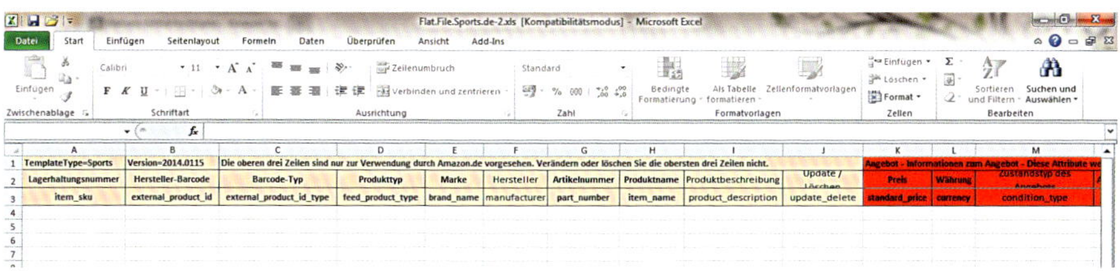

Wenn Sie manuell Produkte listen möchten, gibt es hier auch zwei Möglichkeiten. Zum einen können Sie über › ***Lagerbestand*** › ***Produkt hinzufügen*** nach einem Produkt über den Produktnamen oder EAN-Code suchen. Auch hier bietet sich der EAN-Code an, damit es sich auch wirklich um das korrekte Modell handelt.

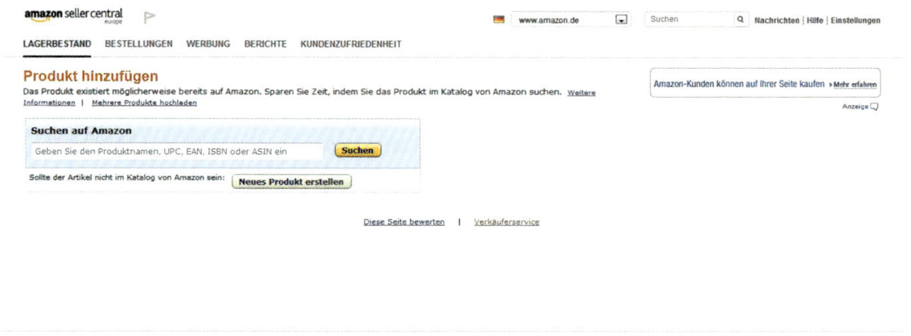

Wenn Sie den Artikel bereits im Amazon-Katalog finden, können Sie ihn über die Funktion ***Eigenen Artikel verkaufen*** *mit anbieten.*

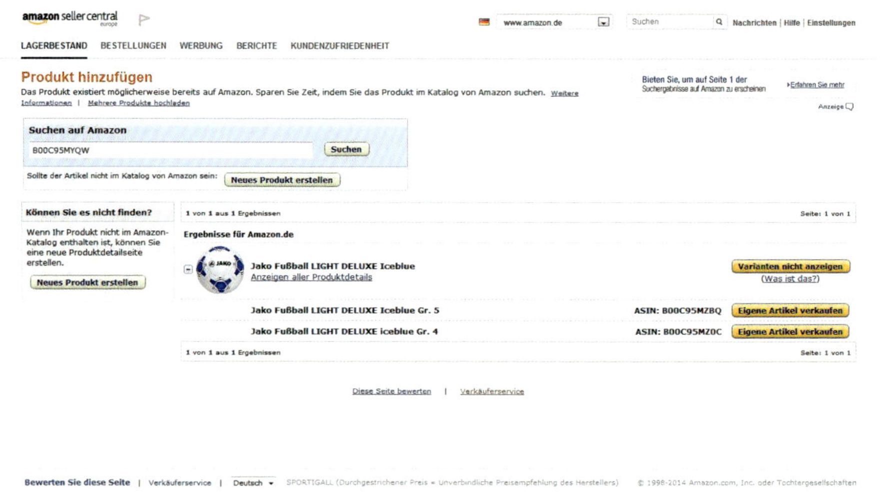

Sie können nun die Details (Preis, Menge etc.) für Ihr Produktangebot hinterlegen.

Ihr Artikel ist nun gelistet!

Sie haben aber auch die Möglichkeit, das Produkt, das Sie anlegen wollen, direkt im Amazon-Webshop zu suchen. Wenn Sie den Artikel, den Sie anbieten wollen, gefunden haben, können Sie ihn über den Button › ***Diesen Artikel verkaufen*** direkt listen und anbieten.

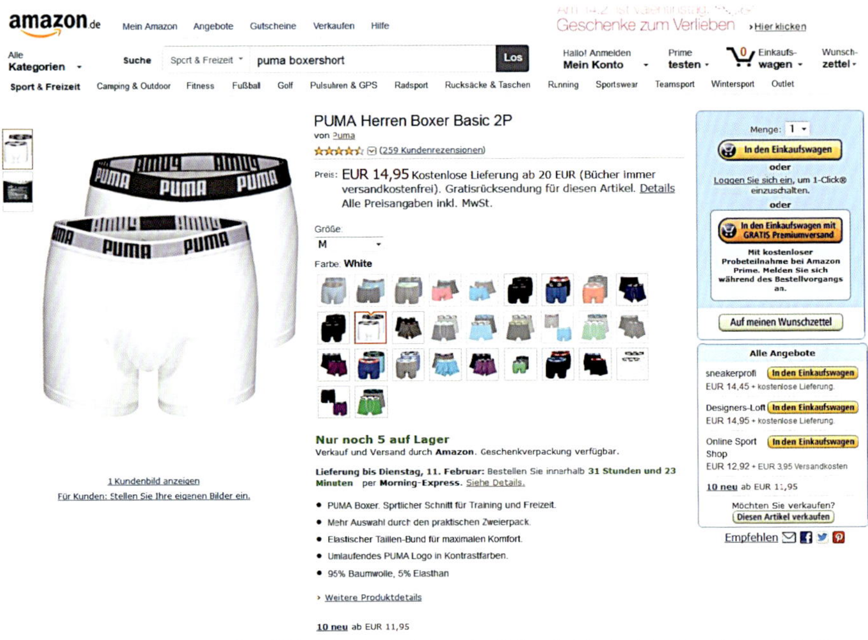

Ggf. müssen Sie sich noch einmal einloggen. In der folgenden Maske können Sie alle Details festlegen.

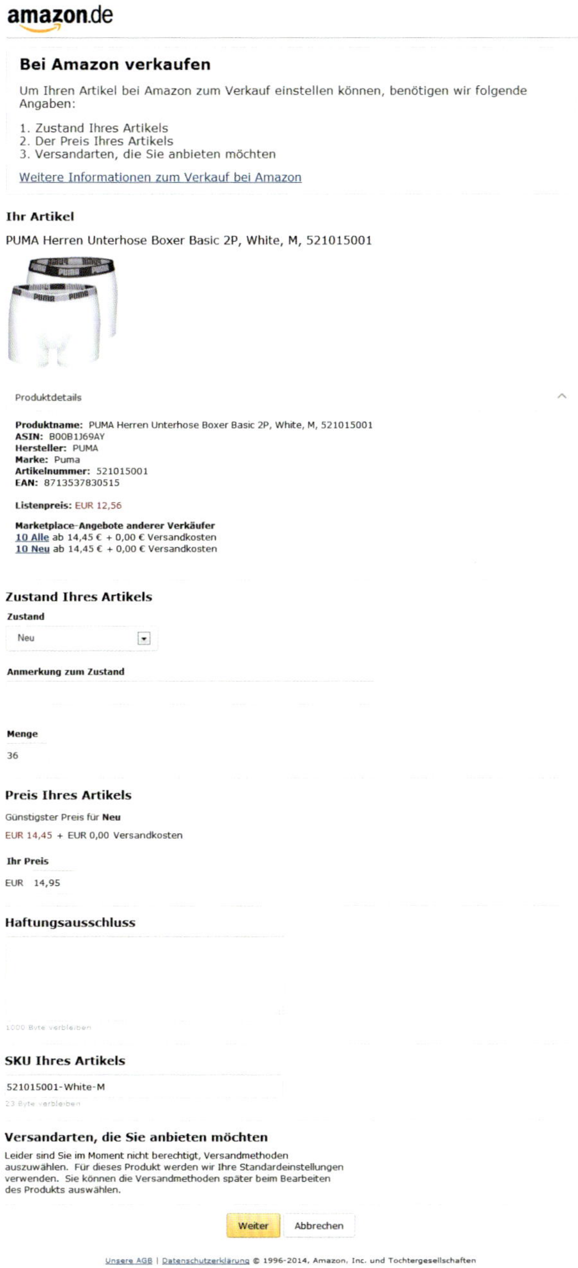

amazon.de

Bei Amazon verkaufen

Um Ihren Artikel bei Amazon zum Verkauf einstellen können, benötigen wir folgende Angaben:

1. Zustand Ihres Artikels
2. Der Preis Ihres Artikels
3. Versandarten, die Sie anbieten möchten

Weitere Informationen zum Verkauf bei Amazon

Ihr Artikel

PUMA Herren Unterhose Boxer Basic 2P, White, M, 521015001

Produktdetails

Produktname: PUMA Herren Unterhose Boxer Basic 2P, White, M, 521015001
ASIN: B00B1J69AY
Hersteller: PUMA
Marke: Puma
Artikelnummer: 521015001
EAN: 8713537830515

Listenpreis: EUR 12,56

Marketplace-Angebote anderer Verkäufer
10 Alle ab 14,45 € + 0,00 € Versandkosten
10 Neu ab 14,45 € + 0,00 € Versandkosten

Zustand Ihres Artikels

Zustand

Neu

Anmerkung zum Zustand

Menge

36

Preis Ihres Artikels

Günstigster Preis für **Neu**

EUR 14,45 + EUR 0,00 Versandkosten

Ihr Preis

EUR 14,95

Haftungsausschluss

1000 Byte verbleiben

SKU Ihres Artikels

521015001-White-M

23 Byte verbleiben

Versandarten, die Sie anbieten möchten

Leider sind Sie im Moment nicht berechtigt, Versandmethoden auszuwählen. Für dieses Produkt werden wir Ihre Standardeinstellungen verwenden. Sie können die Versandmethoden später beim Bearbeiten des Produkts auswählen.

Weiter Abbrechen

Unsere AGB | Datenschutzerklärung © 1996-2014, Amazon, Inc. und Tochtergesellschaften

Nach Prüfung der Details können Sie mit einem Klick auf › ***Eintrag übermitteln*** Ihr Angebot online stellen.

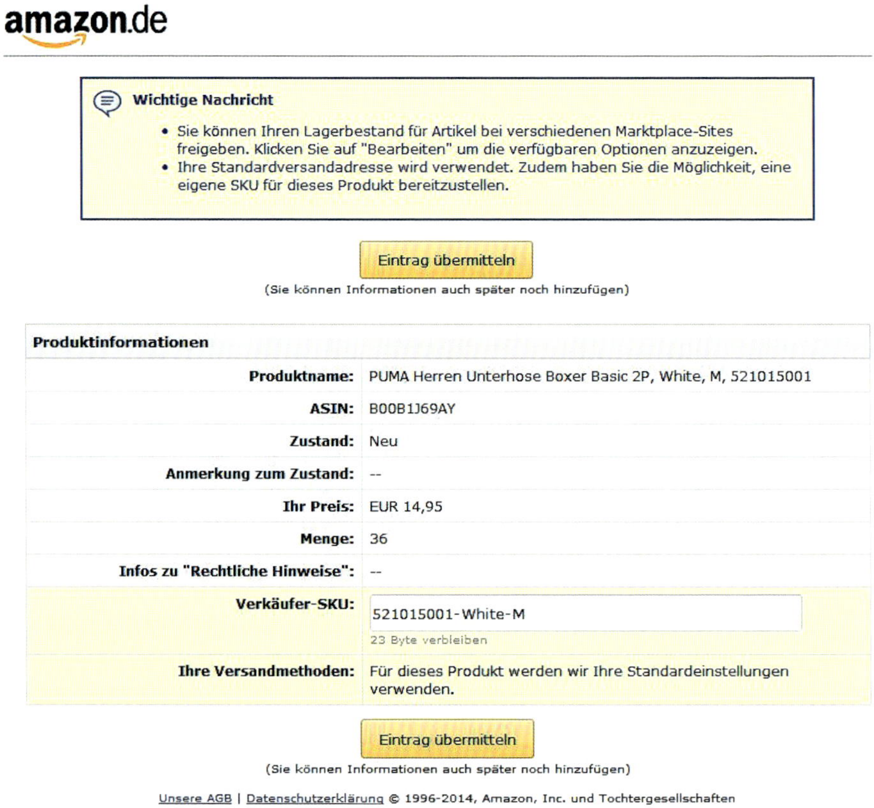

Wenn Ihr Produkt noch nicht auf Amazon gelistet ist müssen Sie es zunächst neu anlegen.

SCHRITT 1:

Wählen Sie die Hauptkategorie aus, in der Sie Ihr Produkt listen wollen.

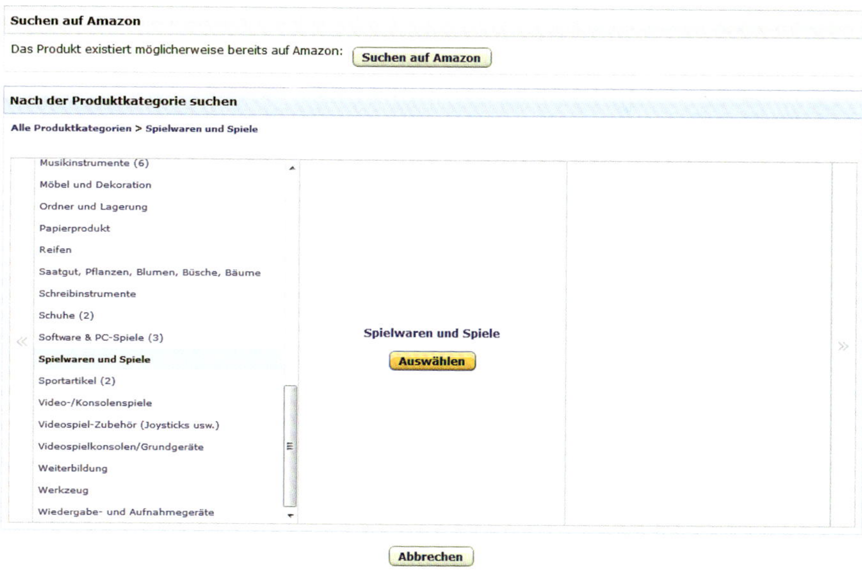

SCHRITT 2:

Geben Sie bitte die wichtigen und notwendigen Produktinformationen an:

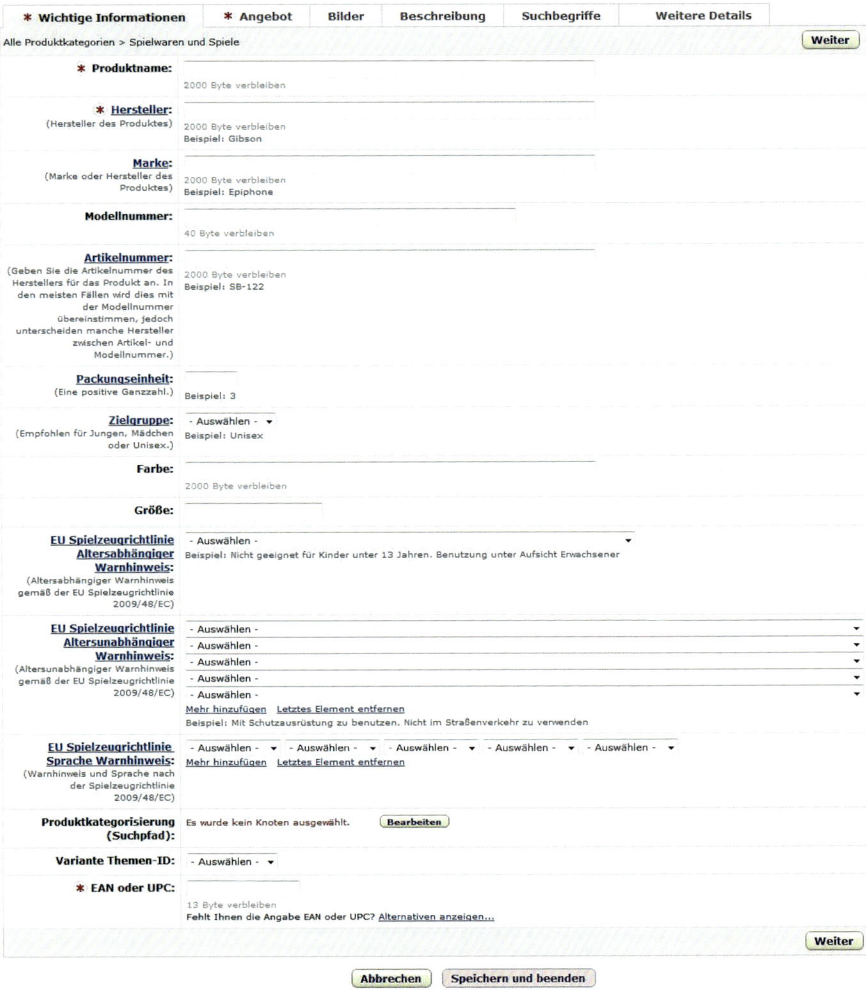

TIPP: Sollte Ihr Produkte keinen EAN-Code besitzen müssen Sie sich zwingend einen eigenen EAN-Code besorgen. Informationen hierzu finden Sie auf ***www.millionärsfabrik.de***

SCHRITT 3:

Legen Sie Ihre Artikelnummer, den Zustand der Ware sowie Ihren Preis und die verfügbare Menge in diesem Schritt fest.

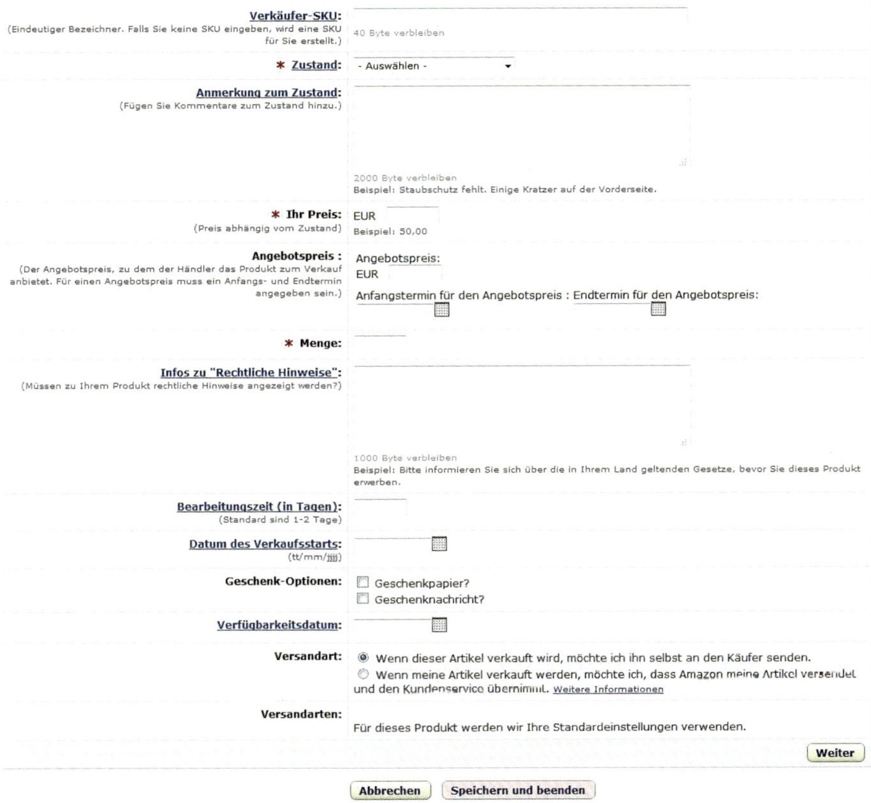

Verkäufer-SKU:
(Eindeutiger Bezeichner. Falls Sie keine SKU eingeben, wird eine SKU für Sie erstellt.)
40 Byte verbleiben

* Zustand: - Auswählen -

Anmerkung zum Zustand:
(Fügen Sie Kommentare zum Zustand hinzu.)
2000 Byte verbleiben
Beispiel: Staubschutz fehlt. Einige Kratzer auf der Vorderseite.

* Ihr Preis: EUR
(Preis abhängig vom Zustand)
Beispiel: 50,00

Angebotspreis :
(Der Angebotspreis, zu dem der Händler das Produkt zum Verkauf anbietet. Für einen Angebotspreis muss ein Anfangs- und Endtermin angegeben sein.)
Angebotspreis:
EUR
Anfangstermin für den Angebotspreis : Endtermin für den Angebotspreis:

* Menge:

Infos zu "Rechtliche Hinweise":
(Müssen zu Ihrem Produkt rechtliche Hinweise angezeigt werden?)
1000 Byte verbleiben
Beispiel: Bitte informieren Sie sich über die in Ihrem Land geltenden Gesetze, bevor Sie dieses Produkt erwerben.

Bearbeitungszeit (in Tagen):
(Standard sind 1-2 Tage)

Datum des Verkaufsstarts:
(tt/mm/jjjj)

Geschenk-Optionen: Geschenkpapier? Geschenknachricht?

Verfügbarkeitsdatum:

Versandart: Wenn dieser Artikel verkauft wird, möchte ich ihn selbst an den Käufer senden.
Wenn meine Artikel verkauft werden, möchte ich, dass Amazon meine Artikel versendet und den Kundenservice übernimmt. Weitere Informationen

Versandarten: Für dieses Produkt werden wir Ihre Standardeinstellungen verwenden.

Weiter

Abbrechen Speichern und beenden

TIPP: Achten Sie unbedingt darauf, dass die angegebene Menge auch mit der tatsächlich verfügbaren Menge übereinstimmt, um Stornierungen und Kundenunzufriedenheit vorzubeugen.

SCHRITT 4:

Wählen Sie eine sorgfältige, korrekte und aussagekräftige Produktbeschreibung.

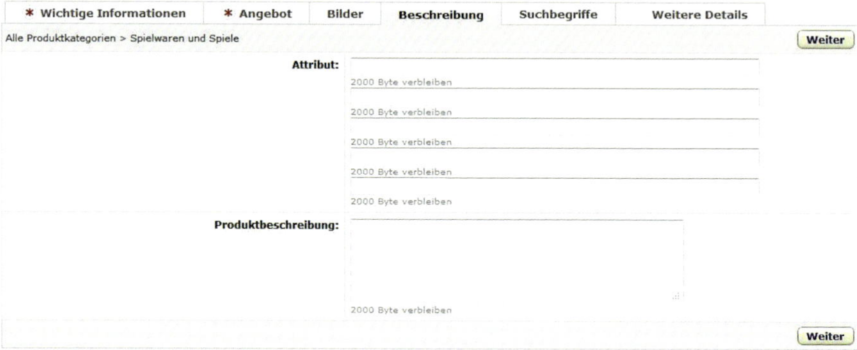

SCHRITT 5:

Legen Sie die Bilder und die Suchbegriffe fest. Danach können Sie, falls nötig, auch weitere letzte Details zu Packungsgrößen, Formaten, Angaben zum Verkauf von Spielwaren und zu Batterien hinterlegen.

Danach speichern Sie Ihre Angaben und Ihr Artikel ist Teil der großen Welt von Amazon.

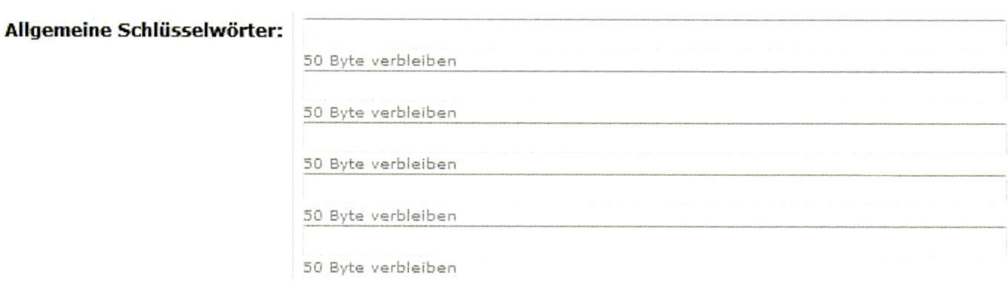

TIPP: Wählen Sie die ***Schlüsselwörter***, also die ***Suchbegriffe***, sehr sorgfältig. Versetzen Sie sich in die Lage Ihrer Kunden. Nach welchem Begriff würde Ihr Kunde wohl suchen, wenn er ein Produkt wie das von Ihnen angebotene sucht?

Jumpstart

Wie bereits beschrieben sind hochwertige Produktseiten das A und O für den erfolgreichen Verkauf Ihrer Produkte. Amazon bietet Ihnen mit dem Dienst „Jumpstart" die Möglichkeit, Ihre Produktseiten durch die Experten von Amazon erstellen zu lassen. Wenn Sie hier mindestens 100 Produkteinträge listen wollen, können Sie diesen Dienst in Anspruch nehmen. Die Amazon-Experten bringen dabei die Erfahrung aus Millionen von Produktseiten und deren Erfolg sowie das Fachwissen zu Kategorien und zum Amazon-Katalog ein. Sie stellen dem Unternehmen die wichtigsten Produktinformationen zur Verfügung und müssen sich um nichts mehr kümmern. Kontaktieren Sie Amazon, um mehr über diesen kostenpflichtigen Dienst zu erfahren.

Zustandsbeschreibungen

Das perfekte Kauferlebnis ist ausschlaggebend dafür, ob der Kunde bei Amazon wieder kaufen oder sich nach einem alternativen Lieferanten umschauen wird. Damit der Kunde zufrieden ist, müssen Sie ihm zum einen exakt die Ware liefern, die er bestellt hat, und zum anderen muss diese in genau dem Zustand sein, mit dem Sie sie deklariert haben.

Amazon bietet Ihnen die folgenden Möglichkeiten, den Zustand der Ware zu beschreiben:

Dazu gehört auch die Verpackung. Wenn Sie Waren an Ihre Kunden oder an ein Amazon-Logistikzentrum zum › ***Versand durch Amazon*** einsenden, müssen Sie Ihre Verkaufsangaben zwingend erfüllen. Das gilt auch für die Produkt,- und Versandverpackung.

Artikel, die als „neu" angeboten werden, müssen in einwandfreiem, unbenutztem Zustand sein. Artikel mit der entsprechenden Zustandsangabe werden geprüft und als „nicht verkaufbar" gekennzeichnet, falls sie Kratzer, Verschleißerscheinungen, Beulen, Knitterfalten, Abnutzungen oder ähnliche Schäden aufweisen, die für neue Artikel nicht akzeptabel sind.

Wenn Ihre angebotenen Waren eine der folgenden Mängel aufweisen, dürfen sie nicht mehr als „neu" gekennzeichnet werden:

- **Bücher:**
  Wasserschaden
  Eingerissener oder zerrissener Einband
  Sichtbare Abnutzung
  Einband oder Seiten sind zerrissen oder weisen Schnitte auf

- **Medienartikel:**
  Verbogene oder zerknitterte Verpackung
  Schmutzig, fleckig oder mit Wasserflecken
  Deckel gesprungen oder zerbrochen

- **Nicht-Medienartikel:**
  Äußere Verpackung beschädigt
  Verschmutzt

Ihre Marke auf Amazon

Große Marken sind oft nicht sicher, ob sie sich für oder gegen das Verkaufen auf oder über Amazon entscheiden sollen, weil sie die Gefahr sehen, ihre Produkte nicht in einem optimalen Umfeld präsentieren zu können und sie befürchten die Kontrolle über die Darstellung der Produkte zu verlieren.

Amazon scheint sich dieser Vorbehalte der Marken bewusst zu sein und bietet ihnen daher die Möglichkeit eigener Markenstores auf Amazon sowie der Amazon-Markenregistrierung.

Markenshops verfügen über folgende Möglichkeiten, mit bestimmten Werkzeugen auf Produktseiten Einfluss zu nehmen und vor allem auch einen eigenen Shop-in-Shop zu gestalten und zu verwalten.

- Sie erhalten eine eigene Shop-in-Shop-URL von Amazon. Beispielsweise ***www.amazon.com/IhreMarke***. Diesen Shop können Sie mit Ihrem Logo, eigenen Image- und Produktfotos komplett Ihrer Marken-Corporate-Identity anpassen. Der Kunde kann auf diese Weise einen markentypischen Auftritt erkennen – im Umfeld von Amazon, dem Shop, dem er vertraut und bei dem er auch gerne kauft.

- Sie erhalten eine prominente Erwähnung Ihres Markenshops auf Amazon, wenn der Kunde nach Ihrer Marke sucht.

TIPP: Die Amazon-Markenregistrierung eröffnet eine wunderbare Chance, sich mit einer eigenen Marke vom Wettbewerb abzusetzen. Genaue Informationen und Insider-Tipps erhalten Sie im Online-Workshop auf ***www.millionärsfabrik.de***

Die Preisfindung

Ich möchte behaupten, dass ich ohne Probleme über Amazon innerhalb weniger Tage, egal in welcher Branche, einen Verkäufer-Account aufbauen kann, der monatlich mehr als eine Million Euro Umsatz erzielt. Möglich ist sogar noch viel mehr. Das Problem: Viel Umsatz bedeutet nicht automatisch viel Gewinn, daher ist eine ganz genaue Kalkulation zu JEDEM Artikel absolut entscheidend.

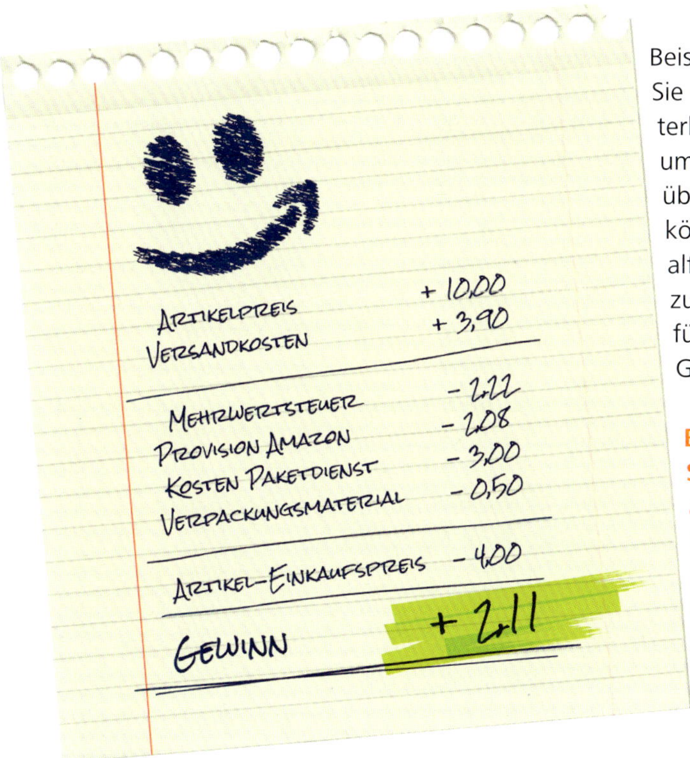

Hier ein kleines Beispiel, welche Kosten Sie unbedingt im Hinterkopf haben müssen, um Ihre Einnahmen überhaupt decken zu können und im Idealfall einen Gewinn zu erzielen, denn dafür machen wir das Ganze doch, oder…?

Bitte denken Sie aber immer auch an Miete, Personalkosten, Gewerbesteuer und Einkommensteuer …

Eigene EAN-Codes

Sie haben Produkte, die es bei Amazon noch nicht gibt, die aber vom Hersteller keinen EAN-Code hinterlegt haben, oder Sie haben eigene Produkte entwickelt und produziert, für die Sie ebenfalls noch keinen EAN-Code besitzen? Seien Sie sich bewusst, dass Sie ohne EAN-Code keinen Artikel bei Amazon einstellen können, denn der Amazon-Marktplatz ist EAN-Code-gesteuert, um eine Mehrfachlistung, wie dies bei anderen Plattformen der Fall ist, zu verhindern. Amazon möchte den Artikel nur einmal aufführen und alle Händler, die das Produkt anbieten, können sich zur bestehenden Produktlistung dazugesellen und diese durch den EAN-Code auch schnell auffinden.

Haben Sie aber eigene Artikel oder Artikel, die es wirklich bei Amazon noch nicht gibt, und haben Sie keinen EAN-Code vom Hersteller erhalten, benötigen Sie eigene EAN-Codes, um Ihre Produkte bei Amazon listen zu können.

Die 13-stellige EAN-Nummer kann dabei nicht frei bestimmt werden, sondern erfolgt in Deutschland durch das Unternehmen „GS1 Germany".

Der Erwerb der eigenen EAN-Codes ist mit Kosten verbunden, die nach Bestellvolumen geordnet sind.

- 1.000 EAN-Codes kosten einmalig ca. 230 Euro zzgl. MwSt.
- 10.000 EAN-Codes kosten einmalig ca. 330 Euro zzgl. MwSt.
- 100.000 EAN-Codes kosten einmalig ca. 530 Euro zzgl. MwSt.

Zusätzlich ist eine Nutzungsgebühr pro Jahr fällig, die sich nach Ihrem Umsatz richtet (ca. 150 Euro/Jahr bis 450 Euro/Jahr).

Jeder der erworbenen EAN-Codes sollte anschließend einem Produkt zugeordnet werden. Die Codes sind nicht produktgebunden und müssen auch der Vergabestelle nicht gemeldet werden. Sie sollten aber den Überblick behalten und die EAN-Codes nicht doppelt vergeben.

TIPP: Nähere Informationen zu den EAN-Codes und einen Link zum Antragsformular finden Sie auf ***www.millionärsfabrik.de***

Die Produktdarstellung

Was im stationären Handel die Außendarstellung, die Dekoration der Schaufenster und die Präsentation der Ware im Ladenlokal ist, das ist bei amazon.de die Produktdarstellung. Nur mit einer professionellen Produktdarstellung können Sie den Kunden davon überzeugen, dass Ihr Produkt genau das ist, was er sucht.

Das Amazon-System wählt bei mehreren Anbietern von ein und demselben Produkt die besten Darstellungen der Händler automatisch aus. So kann es z. B. sein, dass ein Foto von Händler A zusammen mit den Produktmerkmalen von Händler B und der Produktbeschreibung, die Händler C angelegt hat, angezeigt wird. Amazon tut dies, um dem Kunden die bestmögliche Form der Produktdetailseite bieten zu können.

DER PRODUKTTITEL:

Es klingt simpel, aber ein schlechter oder nichtssagender Produkttitel entpuppt sich immer wieder als Verkaufsblocker. Ein aussagekräftiger und informativer Produkttitel ist wichtig, damit sich der Kunde bei der Fülle an Suchergebnissen dafür entscheidet, ausgerechnet auf Ihr Produkt zu klicken.

Der ideale Titel beschreibt das Produkt mit den wichtigsten Attributen klar und deutlich, damit der Kunde direkt das findet und wählen kann, was er sucht. Er will schnell das richtige Produkt finden, ohne zu viel Zeit mit der Suche zu verlieren.

- Marke
- Produktbeschreibung (z. B. Fußball)
- Produktlinie (z. B. White Line Edition)
- Material oder wichtigste Bestandteile (z. B. Leder)
- Farbe (z. B. Rot-Blau)
- Größe
- Menge (z. B. Stück, Paar, Set)

Positive Beispiele:

Jack Wolfskin Rucksack Berkeley
Bench Damen-Fleecejacke Funnelneck
KETTLER Aerobic-Hanteln Paar, schwarz
Donic Schildkröt Tischtennis-Schläger Carbotec 100 konkav

Negative Beispiele:

Bauchtrainer zum Abnehmen von HÄNDLERSHOP besser als ALLE ANDEREN BAUCHTRAINER jetzt kaufen und keine Versandkosten bezahlen – weg mit dem Speck Bauch Bein Po ohne Ditätpillen

Total modische Jacke in vielen Farben von Bench mit 4 Taschen und Kapuze bei uns jetzt kaufen im Winter-Sale

Hanteln für Profis JETZT HIER kaufen und Versandkosten sparen billiger als alle anderen Hanteln dieser Art und besser

Schläger zum Tischtennis mit schwarzem Belag in hochwertiger Qualität. Verschicken wir sofort.

DIE PRODUKTFOTOS:

Das Auge isst nicht nur mit, es entscheidet auch, ob wir uns einen Artikel näher anschauen oder nicht. Ist schon das Vorschaufoto eine Katastrophe, können weder das Produkt noch der Händler professionell sein, das werden sich zumindest die Kunden denken. Das Foto sollte auch nichts enthalten, was vom Produkt ablenkt, wie Untergrund, Wasserzeichen, Hintergrund, andere Gegenstände oder Menschen im Bild. Die Größe sollte dabei bei mindestens 500 x 500 Pixel (Auflösung 96 dpi) liegen und das Produkt in den Vordergrund stellen. Seit dem 31.07.2013 werden Angebote bei Amazon ohne Hauptbild nicht mehr in den Suchergebnissen angezeigt (außer bei „Medien" und „Auto & Autozubehör").

BEISPIELE FÜR KORREKTE UND FEHLERHAFTE BILDDARSTELLUNG:

Perfekte Darstellung

Komplett weißer Hintergrund

Kein zusätzlicher Text im Bild

Keine Zeichnungen

Keine Bilder innerhalb von Bildern

Nicht mehrere Ansichten in einem Bild

TIPP: Den Kontakt zu einem professionellen Produktfotografen finden Sie auf ***www.millionärsfabrik.de***

Nur hochwertige Fotos

Keine Wasserzeichen oder Logos

Keine Abbildung, die nur die Verpackung zeigt

Kein nicht enthaltenes Zubehör abbilden

Produkt nicht kleiner als 85% der verfügbaren Fläche

Kein Platzhalter

BESCHREIBUNG:

Wenn Sie ein neues Produkt anlegen, sollten Sie den Kunden nicht nur mit einem überzeugenden Titel und einem hochwertigen Foto, sondern auch mit einer sorgfältigen, sachlichen und überzeugenden Formulierung der Produktmerkmale, -informationen und -beschreibung zum Kauf animieren. Werbeaktionen oder Angaben zu Lieferzeiten und Versanddiensten etc. haben nichts mit dem Produkt zu tun und dürfen hier nicht erwähnt werden.

PRODUKTMERKMALE:

Hier haben Sie die Möglichkeit, die fünf wichtigsten Merkmale Ihres Produktes für den Kunden schnell erfassbar aufzuzählen. Beschreiben Sie die wichtigsten Eigenschaften des Produktes in Stichworten, wie z. B. für eine Schwimmbrille:

- Breites und elastisches Kopfband
- Leicht verstellbarer Nasensteg
- Getönte Gläser mit 100 %-UV- und -Antibeschlagschutz
- Intensiv getestet nach den aktuellen Vorschriften
- Inklusive Tragetasche

Setzen Sie hier keine Satzzeichen und beginnen Sie jedes Merkmal mit Großbuchstaben.

Verzichten Sie hier auf Ihren Shop-Namen bei der Beschreibung des Produktes oder auf bewertende Attribute wie „umwerfendes und einzigartiges Design".

PRODUKTBESCHREIBUNG:

Beschreiben Sie Ihr Produkt in ganzen Sätzen und heben Sie die Vorteile und wichtigsten Kaufargumente für Ihr Produkt noch einmal gut lesbar in schöner und nicht zu langer Textform hervor.

Sie können die Produktbeschreibungen mit einfachem HTML-Code aufwerten bzw. auflockern. Videos und Bilder dürfen Sie hier zwar nicht in Szene setzen, Sie können aber einfache sog. Tags verwenden, wie z. B.:

<P></P>	= Absatz	<U></U>	= Unterstrichen
 	= Zeilenumbruch	<UL></UL>	= Aufzählung
<B></B>	= Fette Schrift	<LI></LI>	= Unterpunkt einer Aufzählung

Beispiel-Quellcode

```
<P>Fußball von Jako</P>
<BR/>
<B>Jetzt neu, auch in Blau!</B>
<BR/>
<P>Der hochwertige Fußball in Profi-Qualität besteht aus Leder und ist mit Nylon-Fäden vernäht.<U>Besonders geeignet für die Halle</U></P>
<BR/>
<B>Alle Vorteile auf einen Blick</B>
<UL>
<LI>Obermaterial Leder</LI>
<LI>Hochwertige Nähte aus Nylonfäden</LI>
<LI>Besonders für indoor geeignet</LI>
</UL>
```

Anzeigeergebnis

Fußball von Jako

Jetzt neu, auch in Blau!
Der hochwertige Fußball in Profi-Qualität besteht aus Leder und ist mit Nylon-Fäden vernäht. Besonders geeignet für die Halle

Alle Vorteile auf einen Blick

- Obermaterial Leder
- Hochwertige Nähte aus Nylonfäden
- Besonders für indoor geeignet

Wie Sie sehen, kann man mit diesen HTML-Tags einen Text gut strukturieren und übersichtlicher gestalten. Nicht vergessen: Jedes Tag muss am Ende „geschlossen" werden.

PRODUKTINFORMATIONEN:

Käufer haben bei der Suche nach Produkten auf amazon.de die Möglichkeit, die Suchkriterien noch zu verfeinern. Fehlen bestimmte Produktinformationen zu Ihrem Produkt, fallen Ihre Produkte bei der Suche an dieser Stelle raus, obwohl Ihr Angebot den Anforderungen des Kunden möglicherweise sogar entsprechen würde.

SUCHBEGRIFFE:

Suchbegriffe oder „Schlüsselwörter", wie Amazon sie nennt, sind der erste Weg des Kunden, um hier bestimmte Produkte zu finden. Haben Sie die richtigen und wichtigen Suchbegriffe angegeben, wird der Kunde genau diese bei der Suche angeben und Ihre Produkte werden im Ranking deutlich ansteigen.
Da das Amazon-System bereits Ihren Produkttitel in die Suche mit einbezieht, wählen Sie hier bitte keine Suchbegriffe aus, die in Ihrer Produktbezeichnung bereits enthalten sind.

Einzelne Wörter sind besser als komplexe Formulierungen. Achten Sie unbedingt auch auf die korrekte Schreibweise Ihrer Suchbegriffe.

Versetzen Sie sich in die Lage eines potenziellen Käufers und fragen Sie sich, wonach Sie suchen würden, wenn Sie Ihr Produkt kaufen wollten. Fragen Sie Freunde und Bekannte, was sie eingeben würden. Nur so kann der Kunde Ihre Waren finden, nur so können Sie sie auch verkaufen!

KATEGORISIERUNG:

Amazon hat neben den Hauptkategorien noch eine Reihe Unterkategorien, damit der Kunde hier im Speziellen nach seinem Wunschprodukt suchen kann.

Will er z. B. einen neuen Fußball kaufen, wird er nach dem Wort „Fußball" suchen. Da die Auswahl zu umfangreich ausfällt, wird er die Kategorie einschränken auf „Fußbälle". Oder aber er klickt auf Amazon direkt auf die Hauptkategorie „Sport & Freizeit", dann auf „Fußball" und dann auf „Fußbälle". Sortiert nach Abverkäufen zeigt Amazon dem Kunden dann die Top-Produkte dieser Unterkategorie an, um ihm eine weitere Entscheidungshilfe zu geben.

Nur wenn Sie Ihre Produkte der richtigen Unterkategorie zugeordnet haben, kann der Kunde sie an dieser Stelle auch finden.

Sollte eines Ihrer Produkte, das Sie verkaufen möchten, schon gelistet sein, allerdings mit fehlerhaftem Titel, Foto oder falschen Produktdetails, wenden Sie sich bitte an den Verkäuferservice von Amazon und fordern Sie eine Korrektur für diesen Artikel an.

QUALITÄTSHINWEISE FÜR ANGEBOTSDATEN:

Da Amazon stets bemüht ist, die Darstellung der Produkte auf der Plattform zu verbessern, gibt es eine tolle Möglichkeit, Fehler bei den eigenen Angeboten schnell zu finden.

*Unter **Lagerbestand verwalten › Angebotsdaten verbessern** finden Sie einen Bericht zu **Angeboten mit fehlenden Informationen.***

Rechtliche Informationen

Auch Amazon ist ein beliebter Tummelplatz für „schwarze Schafe". Händler, denen die Kreativität und die Umsetzungsmöglichkeiten fehlen, mit ihrem Geschäft wirtschaftliche Erfolge zu feiern, haben oftmals viel Zeit und suchen, zusammen mit geschäftstüchtigen Anwälten, auf Produktangebotsseiten anderer Händler nach Fehlern, die als Grundlage für eine Abmahnung dienen. Leider werden sie allzu häufig auch fündig.

Daher sind zwei Dinge wichtig: Sie müssen Ihren Verkäufer-Account und Ihre Angebote rechtssicher einrichten, denn der Teufel steckt bekanntlich im Detail. Zudem sollten Sie im Falle von Abmahnungen gelassen reagieren und sie von Profis bearbeiten lassen.

Einer der führenden Anwälte in Deutschland im Bereich *„Gewerblicher Verkauf bei Amazon"* ist Johannes Richard von der Kanzlei „Rechtsanwälte Richard & Kempcke" erreichbar unter ***www.internetrecht-rostock.de***. Herr Richard hat uns auch schon einige Male geholfen erfolgreich gegen Abmahnungen vorzugehen.

Bei einem solchen Rechtsstreit hilft Ihnen ein „Wald-und-Wiesen-Anwalt", der von allem ein bisschen macht, nicht weiter. Sie brauchen einen absoluten Profi, der auch weiß, wovon Sie reden, wenn es um das Thema „Verkaufen bei Amazon" geht.

Die Kanzlei „Rechtsanwälte Richard & Kempcke" bietet eine rechtliche Beratung für Händler, die bei Amazon verkaufen, und prüft, ob Ihre Verkäuferkonten der aktuellen Gesetzeslage entsprechen. Genauso erhalten Sie, sollte es Angriffspunkte geben, einen Katalog mit Änderungen, den Sie sofort und einfach umsetzen können. Durch den „Update-Service", den Sie bei der Kanzlei ebenfalls beauftragen können, erhalten Sie eine E-Mail, sobald es bekannte Rechtsprechungen gibt, die Änderungen Ihrer Angebote bei Amazon erfordern.

In einem Gespräch mit Rechtsanwalt Johannes Richard habe ich einmal die aktuelle Problematik im Bereich „Verkaufen bei Amazon" angesprochen.

WIE HOCH IST DIE ABMAHNGEFAHR FÜR VERKÄUFER, DIE AUF AMAZON VERKAUFEN, ABER GANZ OHNE RECHTSBERATUNG STARTEN?

Bei Amazon ist es durchaus möglich, als Händler zu verkaufen, ohne irgendwelche Rechtstexte darzustellen. Amazon fordert nicht einmal zwingend ein Impressum auf der Händlershop-Detailseite. Wer aber „ohne irgendetwas" verkauft, kann schnell wettbewerbsrechtliche Probleme bekommen. Notwendig ist ein Impressum wie auch eine eigene Widerrufsbelehrung. Ganz ohne allgemeine Geschäftsbedingungen geht es auch nicht. Der Händler, der über Amazon verkauft, muss selbst über viele Punkte informieren, die im Bürgerlichen Gesetzbuch bzw. im EGBGB vorgeschrieben sind. Hierzu gehört die Frage, wie der Vertrag zustande kommt, genauso wie eine Information zur Vertragstextspeicherung – das wird gerne abgemahnt.

Der Konkurrenzdruck bei Amazon ist erheblich, sodass bei fehlenden, falschen oder veralteten rechtlichen Informationen auf der Händlershop-Detailseite ein reges Abmahnwesen herrscht.

WIE KANN ICH MICH AM BESTEN GEGEN ABMAHNUNGEN SCHÜTZEN?

So platt es klingt: Wer bei Amazon als gewerblicher Händler verkauft, sollte sich rechtlich vorher (!) durch spezialisierte Rechtsanwälte beraten lassen. Diese sollten sich mit Amazon und den Abläufen gut auskennen, sodass der Händler eine speziell auf Amazon zugeschnittene Beratung erhält. Notwendig sind mindestens die Punkte Anbieterkennzeichnung, Widerrufsbelehrung und allgemeine Geschäftsbedingungen.

Wichtig, und vor allem für den Internethandel grundlegend zu beachten, ist der Umstand, dass die Rechtslage sich regelmäßig ändert, sei es durch Gesetzesänderungen oder durch aktuelle Urteile. Hier sind zum Teil sehr kurzfristige Anpassungen notwendig. Auch darüber sollte die Kanzlei, die einen Amazon-Händler berät, zeitnah informieren.

WAS IST DER HÄUFIGSTE ABMAHNGRUND, DER DAS „VERKAUFEN BEI AMAZON" BETRIFFT?

Ein grundsätzliches rechtliches Problem bei Amazon ist der Umstand, dass Händler eine Artikelbeschreibung (ASIN) nutzen müssen, die entweder bereits vorhanden ist oder die bei einem Neuprodukt durch den Händler selbst angelegt wird. Diese Artikelbeschreibung muss auch exakt zu dem Produkt passen, das der Händler im Fall des Kaufes an den Kunden ausliefert.

Händler, die, so bezeichnen wir es jedenfalls, eine sogenannte „ASIN-Priorität" haben, dürfen Artikelbeschreibungen ändern. Dies hat zur Folge, dass bspw. aus einer Artikelbeschreibung, in der ein No-Name-Produkt angeboten wird, plötzlich ein Markenprodukt wird. Der Händler, der diese ASIN nutzt, erfährt dies oftmals nicht oder nur durch Zufall und wird erst durch eine bspw. markenrechtliche Abmahnung auf die geänderte Artikelbeschreibung aufmerksam. Neben einer derartigen Abänderung der Artikelbeschreibung sind uns auch Fälle bekannt, in denen die Eigenschaften eines Produktes geändert wurden. Der Händler, der dies nicht merkt, liefert somit ein anderes Produkt aus als das, das in der ASIN beschrieben ist.

EIN WEITERES PROBLEM LIEGT IM BEREICH DES URHEBERRECHTS:

Die Artikelbeschreibung bei Amazon beinhaltet immer auch ein Produktfoto. Wenn derjenige, der das Produktbild bei der Anlage der Artikelbeschreibung ursprünglich hochgeladen hat, hierzu keinerlei Berechtigung hatte, kann es für jeden Händler, der diese Artikelbeschreibung nutzt, urheberrechtliche Probleme geben – bis hin zu einer Abmahnung.

Obwohl ich weiß, dass es nur schwierig umzusetzen ist, empfehlen wir Händlern bei Amazon, genutzte Artikelbeschreibungen regelmäßig zu dokumentieren. Somit kann im Streitfall nachgewiesen werden, dass die Artikelbeschreibung in der Vergangenheit anders aussah.

ICH HABE EINE ABMAHNUNG ERHALTEN. WIE VERHALTE ICH MICH AM BESTEN?

Im Rahmen eines Abmahnungsfalles werden immer Abmahnkosten sowie eine Unterlassungserklärung verbunden mit einer Vertragsstrafe gefordert. Zwei auf den ersten Blick naheliegende Reaktionen sind auf jeden Fall ungünstig: Erstens, die Abmahnung einfach zu ignorieren. Zweitens aber auch das Gegenteil, die Unterlassungserklärung einfach zu unterschreiben und den geforderten Betrag zu zahlen.

Nicht immer ist eine Abmahnung berechtigt. Oftmals ist es schwer, die geforderte Unterlassung in der Praxis auch einzuhalten. Es besteht in diesem Fall ein erhebliches Risiko der Geltendmachung einer Vertragsstrafe. Geltend gemachte Kosten sind häufig überzogen, die Unterlassungserklärung, die der Abmahnung beigefügt ist, ist oftmals zu weitgreifend.

Meine dringende Empfehlung – vor dem Hintergrund meiner langjährigen Beratungspraxis und -erfahrung mit einer großen Anzahl von wettbewerbsrechtlichen Abmahnungen – ist eindeutig, sich fachkundig beraten zu lassen. Wettbewerbsrecht, Markenrecht und Urheberrecht sind eine komplizierte Materie. Wer abgemahnt wurde, sollte sich daher an einen Rechtsanwalt wenden, der sich auf diesen Bereich spezialisiert hat. Im Bereich des Wettbewerbs- und Markenrechts erkennt man dies u. a. daran, dass der Rechtsanwalt *„Fachanwalt für gewerblichen Rechtsschutz"* ist.

*Rechtsanwalt **Johannes Richard** betreibt die Website **www.internetrecht-rostock.de***

Er berät seit über zehn Jahren ausschließlich Internethändler, die über Plattformen wie den eigenen Internetshop, eBay oder Amazon ihre Waren verkaufen. Rechtsanwalt Richard ist „Fachanwalt für gewerblichen Rechtsschutz" und Partner der Kanzlei Richard & Kempcke.

Die Buybox – der goldene Schlüssel zum Erfolg

Buybox, das ist das goldene Wort, das Sie als Amazon-Händler, kennen müssen. Viele Händler bezeichnen es auch als den „Heiligen Gral von Amazon". Die Buybox oder das „Einkaufswagenfeld", wie es in Deutschland häufig genannt wird, ist sehr bekannt, und doch wissen die meisten im Detail nur wenig darüber.

Der Algorithmus, der diese Buybox bestimmt, ist eines der bestgehüteten Geheimnisse von Amazon.

Unter der Buybox versteht man die direkte Anzeige des Verkäufers beim Aufrufen eines Produktes. Wenn ich ein Produkt auswähle, sehe ich in der Mitte direkt einen Anbieter, von dem ich den Artikel mit einem Klick auf › ***In den Einkaufswagen*** kaufen kann. Der Button › ***In den Einkaufswagen*** gehört zu den markantesten Merkmalen der Amazon-Website und sticht jedem Besucher direkt ins Auge. Den meisten Kunden fällt dabei gar nicht auf, dass im rechten Bereich alternativ noch andere Anbieter dieses Produktes zu sehen sind. Wie aber entscheidet sich, welcher Händler im sogenannten Einkaufswagenfeld angezeigt wird und so in den meisten Fällen den Artikel an Stelle seiner Mitbewerber auch verkauft? Wie entscheidet sich, wer die Tore schießt und wer unbeachtet auf der Auswechselbank sitzt?

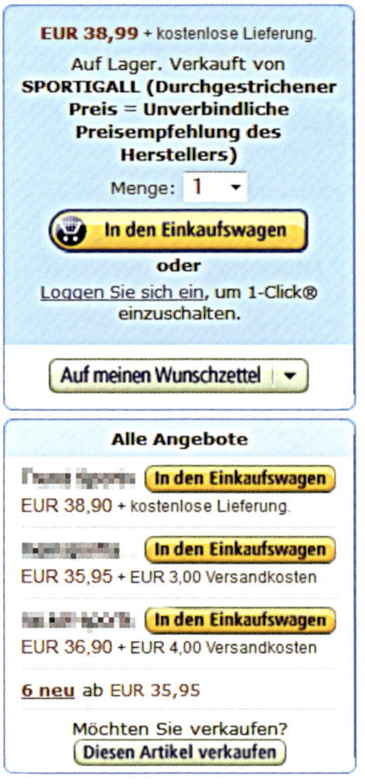

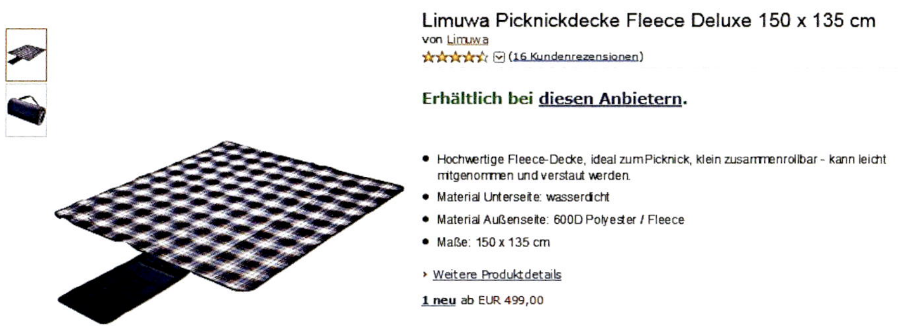

*Ansicht, wenn Sie keine Qualifizierung für die Buybox haben, so z. B. zu Verkaufsstart bei Amazon. Der Kunde muss erst auf › **Erhältlich bei diesen Anbietern** klicken, um Ihr Angebot sehen und bestellen zu können.*

Wenn Sie sich für die Buybox qualifiziert haben, wird Ihr Angebot direkt auf der Produktdetailseite angezeigt und der Kunde kann ohne Umwege den Artikel in den Einkaufswagen legen. Die Qualifizierung zur Buybox wird Ihnen einen unheimlichen Umsatzschub geben.

Der Buybox-Händler, der die prominente Schaltfläche für sich ergattern kann, wird völlig automatisiert durch einen Algorithmus herausgefiltert. Dabei greift das Amazon-System auf diverse Kriterien zurück, um den „Gewinner" zu ermitteln.

QUALIFIZIERUNG:

Um erstmals für das Einkaufswagenfeld qualifiziert zu sein, sollten ca. 90 Tage nach der Anmeldung einige Verkäufe realisiert und überwiegend positive Bewertungen eingegangen sein. Amazon muss sich erst einmal ein Bild davon machen, wie sehr man Ihnen als neuem Händler vertrauen und das Vertrauen damit an den Kunden weitergeben kann. Die Rate an Bestellmängeln (gerade am Anfang kann jede schlechte Abwicklung das K.O. bedeuten) muss unter 1 % liegen, sodass sich Ihre Performance als gut darstellt. Sie erhalten keine Mitteilung, dass Sie sich für die Buybox qualifiziert haben, werden aber anhand Ihrer zunehmenden Verkäufe merken, was das Einkaufswagenfeld ausmacht. Selbst wenn Sie Artikel exklusiv ohne Mitbewerber anbieten, werden Sie auch hier deutlich mehr Käufer als zuvor über den Umweg › ***Erhältlich bei diesen Anbietern*** gewinnen können.

PREIS:

Habe ich den günstigsten Preis (inkl. Versandkosten) oder ist ein Mitbewerber günstiger? Dies ist ein sehr wichtiges Kriterium. Allerdings erzielen Sie keinen Erfolg, wenn Sie den Preis des Mitbewerbers um einen Cent unterbieten, da der Algorithmus hier noch nicht greift.

Bei mehreren Anbietern mit demselben Preis entscheidet die Performance darüber, wer angezeigt wird. Daher werden bei vier Verkäufern, die alle ein Produkt zum selben Preis anbieten, nicht automatisch jeweils 25% des Einkaufswagenfelds an jeden Verkäufer vergeben. Auch dies wird durch viele Faktoren bestimmt, die der Algorithmus in die Berechnung einbezieht. Erfahrungsgemäß müssen Sie Ihren Mitbewerber schon um 2–4 % unterbieten, damit dies als ein ausschlaggebendes Argument gegenüber den anderen Verkäufern gewertet wird.

Wenn Sie › ***Lagerbestand verwalten*** aufrufen, sehen Sie in der Spalte › ***Preishit*** direkt, ob Sie aktuell den besten Preis für diesen Artikel anbieten. Falls Sie Ihren Preis nun an den Wettbewerb anpassen wollen, können Sie ganz einfach die aktuell niedrigsten Preise übernehmen. Hierzu wählen Sie die entsprechenden Angebote aus und klicken auf › ***Aktion*** › ***Preishit übernehmen***. Wenn Sie die Änderung speichern, wird der Preis dem Ihrer Mitbewerber angepasst.

LAGERBESTAND:
Wie ist es bei Ihnen um die Verfügbarkeit dieses Artikels bestellt? Bieten Sie den Artikel in großer oder kleiner Stückzahl an?

KUNDENZUFRIEDENHEIT:
Wie ist Ihre Rate an Bestellmängeln (negatives Feedback, A-bis-Z-Garantieanträge etc.)?

STORNORATE:
Wie viele Bestellungen haben Sie vor dem Versand abgelehnt und somit storniert? Das deutet darauf hin, dass dass Ihre Lagerbestandsangaben nicht verlässlich sind.

RATE AN VERSPÄTETEN LIEFERUNGEN:
Wie viele Sendungen haben Sie nicht zum zugesagten Versandtermin an die Kunden verschickt und somit Ihr Lieferversprechen nicht eingehalten?

KONTAKTREAKTIONSZEIT:
Wie schnell beantworten Sie eingehende Kundenfragen?

Um Ihre Quote im Einkaufswagenfeld für bestimmte Produkte aufzurufen, gehen Sie in › ***Statistiken & Berichte*** und wählen in der linken Spalte › ***Detailseite Verkäufe und Traffic*** aus.

Detailseite Verkäufe und Traffic – nach übergeordnetem Produkt (parent) Weitere Informationen

Herunterladen

	(Übergeordnete) ASIN	Artikelbezeichnung	Seitenansichten	Seitenansicht - Prozentwert	Einkaufswagen-Feld - Prozentwert
☐	B00DSK30Y2	Spielerpassmappe DELUXE mit 25 Passhüllen	384	0,11%	100%

TIPP: Artikel, die Amazon direkt versendet, haben bei der Buybox immer einen Vorteil gegenüber Händlern, da Amazon seiner eigenen Abwicklung am meisten vertraut. Wenn Sie sich also gegen zehn Mitbewerber durchsetzen müssen und der maximale Verkaufspreis erreicht ist, können Sie dank „Versand durch Amazon" sogar 100 % Anteil an der Buybox erreichen, ohne auch nur einen Cent im Verkaufspreis zu unterbieten: Sie können vermutlich sogar einige Cent mehr nehmen als Ihr Mitbewerber und werden trotzdem die Nummer 1 in der Buybox bleiben. Ja, der Kunde wird in den meisten Fällen bei dem Händler kaufen, der auf der Produktseite direkt empfohlen wird und bei dem er ohne Umwege über den › ***Einkaufswagen***-Button kaufen kann – auch wenn er teurer ist als andere Händler!

Das Verkäuferprofil – Ihre Visitenkarte

Sie haben bei Amazon eine beschränkte Anzahl an Informationen, die Sie selbst bestimmen können. Diese wenigen Informationen sollten Sie daher sehr sorgfältig gestalten, denn es ist Ihre persönliche Visitenkarte, das Erste, was der Kunde neben dem Produkt zu sehen bekommt. Folgende Informationen können Sie einpflegen, wenn Sie › ***Einstellungen*** › ***Ihre Informationen und Richtlinien*** wählen.

IMPRESSUM UND INFO ZUM VERKÄUFER:

Das Impressum stellt einen wichtigen Teil jeder Verkaufsaktivität dar und sollte sorgfältig hinterlegt werden. Ich rate Ihnen hier dringend zur Unterstützung durch einen Anwalt, damit Sie abmahnsichere Daten präsentieren.

Weitere Informationen zu Ihrem Unternehmen können ebenfalls hier veröffentlicht werden. Zeigen Sie Ihren Kunden, was Ihr Unternehmen ausmacht, warum der Kunde für Sie wichtig ist und wie Sie ihn im Fall einer Bestellung zufriedenstellen wollen.

FIRMENLOGO:

Um professionell bei Amazon zu verkaufen, sollten Sie unbedingt ein Firmenlogo hinterlegen, denn nur so fällt Ihr Profil auch auf. Das Logo wird z. B. angezeigt, wenn man mehrere Firmen in der Buybox zusammen betrachtet. Die Anforderungen an das Logo: 120 Pixel breit und 30 Pixel hoch. Akzeptierte Dateiformate: jpg und gif. Nur statisch, Animationen sind nicht erlaubt.

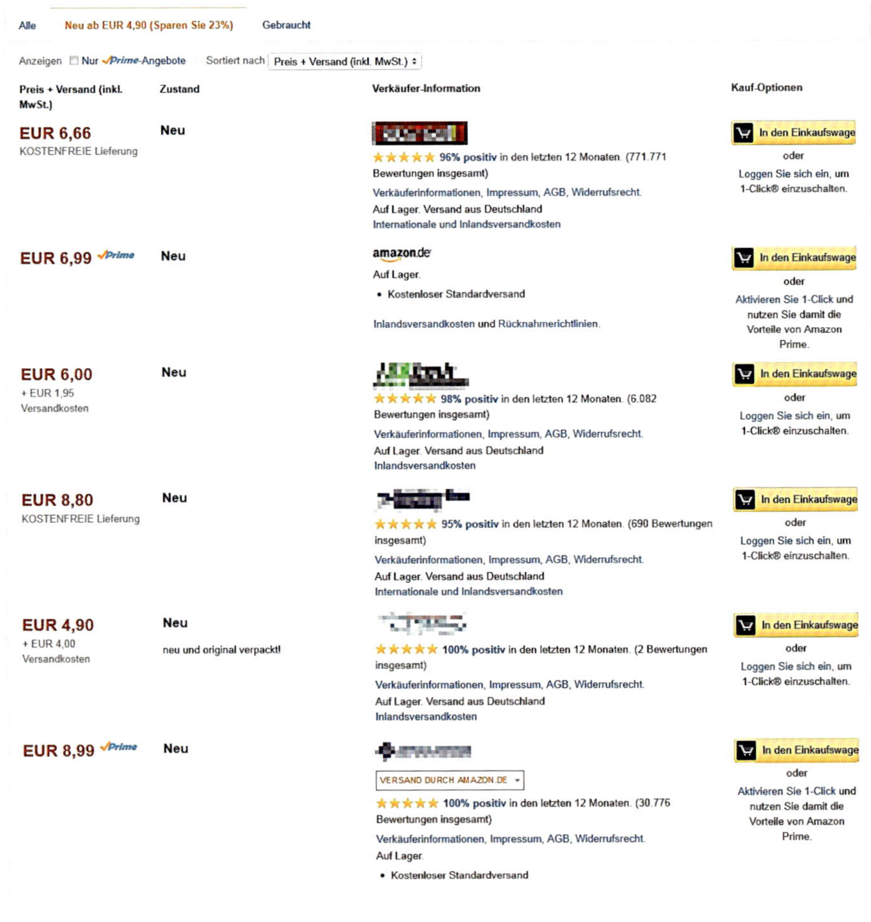

WIDERRUFSRECHT UND DATENSCHUTZRICHTLINIEN:

Die Angabe der Widerrufsbelehrung und der Datenschutzrichtlinien ist ebenfalls sehr wichtig. Auch hier hilft Ihnen ein kompetenter Fachanwalt weiter.

GESCHENKSERVICE-INFORMATIONEN:

Hier können Angaben zu Ihrem Geschenkservice hinterlegt werden, z. B., ob und wie Sie Geschenke für Kunden verpacken.

HÄUFIG GESTELLTE FRAGEN:

Stellen Ihnen verschiedene Kunden häufig dieselben Fragen zu Ihrem Unternehmen, dann können Sie diese hier in Form von Frage und Antwort, sogenannten FAQ, direkt hinterlegen.

BENUTZERDEFINIERTE HILFESEITE:

Dies ist eine optionale Seite, die Sie für Informationen aller Art verwenden können. Oftmals werden hier die allgemeinen Geschäftsbedingungen hinterlegt. Auch dazu kann Ihnen ein Anwalt wichtige Hinweise geben.

„Versand durch Amazon“

Amazon ist nicht nur die größte Verkaufsplattform, die Ihnen offen steht, Amazon ist auch eines der weltweit führenden Logistikunternehmen mit langjähriger Erfahrung im Bereich des Paketversands an Endkunden. Und genau von dieser Erfahrung können auch Sie profitieren, denn Amazon stellt seinen Händlern mit dem Service › ***Versand durch Amazon*** die gesamte Bandbreite seiner Versandabwicklung zur Verfügung.

WELCHEN VORTEIL BIETET HÄNDLERN DER „VERSAND DURCH AMAZON“?

- Ihre Angebote werden besser platziert: „Versand durch Amazon“-Angebote werden bevorzugt in der Buybox angezeigt, was der entscheidende Vorteil gegenüber dem Mitbewerber sein kann. In der Buybox werden Ihre Produkte wie Angebote von Amazon selbst behandelt. Heißt also: Wenn Sie und ein Mitbewerber denselben Verkaufspreis anbieten, Sie aber via Amazon versenden, werden Ihre Produkte bevorzugt angezeigt!

- Sie erzielen bessere Abverkäufe durch das hohe Vertrauen von Kunden in die sichere Versandabwicklung direkt durch Amazon.

- Ihre Artikel eignen sich nun auch für den Express-Versand und Amazon Prime, ein großer Vorteil gegenüber selbst verschickten Paketen. Saisonbedingte Produkte oder Geschenke werden oftmals schnell benötigt, so können Ihre Kunden bis zum späten Nachmittag bestellen und erhalten die Waren meist schon am Folgetag.

- Wenn Sie den „Versand durch Amazon" als Service für Ihren Produktversand nutzen, besteht ein weiterer Kundenvorteil darin, dass die Kunden ab 20 Euro Einkaufswert auch Ihre Produkte kostenfrei zugeschickt bekommen.

- Amazon kümmert sich um den gesamten Kundenservice, sprich Paketverfolgung, Probleme beim Versand oder auch Rücksendungen.

- Sie sparen Personal durch Outsourcing der Logistik an Amazon. Gerade zu Hochzeiten wie im Weihnachtsgeschäft ist es vielen Unternehmen gar nicht möglich, die große Menge an Bestellungen schnell und korrekt abzuwickeln.

- Kunden können den Amazon-„Geschenkverpackung"-Service für Ihre Produkte nutzen!

- Bei Artikeln mit einer großen Nachfrage (Besuche der Produktseite), aber wenigen Käufen kann durch „Versand durch Amazon" der entscheidende Vorteil ausgespielt werden.

- **Sie verkaufen auch, wenn Sie die Urlaubsfunktion aktiviert haben. Sie erholen sich und Amazon verpackt Ihre Sendungen, Sie haben bei diesen Produkten keinen Umsatzverlust.**

WIE FUNKTIONIERT „VERSAND DURCH AMAZON"?

- Sie senden Ihre Produkte an Amazon.
- Amazon lagert Ihre Produkte in Amazon-Logistikzentren ein.
- Kunden bestellen Ihre Produkte bei Amazon.
- Amazon entnimmt Ihre Produkte dem Lager und verpackt sie.

Amazon versendet Ihre Produkte an den Kunden. Amazon übernimmt den Kundenservice und das Retourenmanagement für diese Bestellungen. Sie erhalten eine Gutschrift über den Kaufpreis abzüglich der Verkaufs- und Logistikgebühren, die Amazon Ihnen berechnet.

WAS KOSTET DER „VERSAND DURCH AMAZON"?

Die Gebühren für den „Versand durch Amazon" setzen sich aus vier verschiedenen Bausteinen zusammen:

1. **Lagergebühren:**
   Amazon berechnet für das Einlagern Ihrer Artikel je nach Volumen und Inanspruchnahme der Lagerhaltung eine Gebühr.

2. **Gebühr für die Auftragsbearbeitung:**
   Für die Bearbeitung der Sendung erhebt Amazon eine Gebühr pro Auftrag, nicht pro Artikel.

3. **Pick & Pack pro Einheit:**
   Für das Kommissionieren Ihrer Artikel wird von Amazon eine Gebühr pro Bestelleinheit berechnet.

4. **Gewichtsgebühr pro Einheit:**
   Die Versandgebühren, die Amazon Ihnen berechnet, ergeben sich aus den einzelnen Gewichtsgebühren der Bestelleinheiten.

WERDEN ALLE PRODUKTE GLEICH BEHANDELT?

Amazon unterscheidet beim Versand drei verschiedene Gruppen von Produkten:

Medienprodukte	**Nicht-Medienprodukte**	**Produkte in Übergröße**
Hierunter fallen: Bücher, Musik, Games, DVDs und Software.	Alle verbleibenden Artikel neben den links genannten Medienprodukten.	Gilt für alle Produkte in Übergröße, in allen Kategorien.

Folgende Werte dürfen nicht überschritten werden:	**Folgende Werte dürfen nicht überschritten werden:**	**Wenn einer der links genannten Werte überschritten ist, zählt das Produkt als „Übergröße".**
Gewicht: bis 12 kg Länge: bis 45 cm Breite: bis 34 cm Höhe: bis 26 cm	Gewicht: bis 12 kg Länge: bis 45 cm Breite: bis 34 cm Höhe: bis 26 cm	Maximales Gewicht pro Produkt: 30 kg.

MEDIENPRODUKTE

Amazon.de-Versand Für die Bearbeitung von Bestellungen, die über die Website von Amazon.de eingehen, wird eine Erfüllungsgebühr berechnet, die sich aus Auftragsbearbeitung + Pick & Pack + Gewichtsgebühr zusammensetzt.			
Verkaufspreis der Einheit		**Unter 350,-**	**Mindestens 350,-**
Auftragsbearbeitung pro Auftrag[1]		0,35 €	0,00 €
Pick & Pack pro Einheit		0,55 €	0,00 €
Gewichtsgebühr pro Einheit	0–99 g	0,00 €	0,00 €
	100–499 g	0,00 €	0,00 €
	500–999 g	0,25 €	0,00 €
	1 kg–1,99 kg	1,80 €	0,00 €
	2 kg–4,99 kg	2,30 €	0,00 €
	5 kg–9,99 kg	2,80 €	0,00 €
	10 kg–12 kg	5,80 €	0,00 €

Stand: 10.03.2014 Q

Multi-Channel-Versand Bearbeitung von Bestellungen aus Vertriebskanälen außerhalb von Amazon.de. Erfüllungsgebühr eines Auftrages = Pick & Pack + Gewichtsgebühr			
Versandmethode		**Standard**	**Premium**
Pick & Pack pro Einheit		0,70 €	0,70 €
Gewichtsgebühr pro Gesamtgewicht eines Auftrages plus 10 %	Briefumschlag[2]	0,85 €	6,00 €
	0–99 g	1,30 €	6,00 €
	100–499 g	1,70 €	6,00 €
	500–999 g	1,95 €	6,00 €
	1 kg–1,99 kg	2,35 €	6,00 €
	2 kg–4,99 kg	2,50 €	12,90 €
	5 kg–9,99 kg	4,00 €	12,90 €
	10 kg–12 kg	7,00 €	16,90 €

Stand: 10.03.2014 Q

NICHT-MEDIENPRODUKTE

Amazon.de-Versand
Für die Bearbeitung von Bestellungen, die über die Website von Amazon.de eingehen, wird eine Erfüllungsgebühr berechnet, die sich aus Auftragsbearbeitung + Pick & Pack + Gewichtsgebühr zusammensetzt.

	Verkaufspreis der Einheit	**Unter 350,-**	**Mindestens 350,-**
	Auftragsbearbeitung pro Auftrag[1]	1,00 €	0,00 €
	Pick & Pack pro Einheit	0,70 €	0,00 €
Gewichtsgebühr pro Einheit	0–99 g	0,00 €	0,00 €
	100–499 g	0,50 €	0,00 €
	500–999 g	0,60 €	0,00 €
	1 kg–1,99 kg	1,80 €	0,00 €
	2 kg–4,99 kg	2,30 €	0,00 €
	5 kg–9,99 kg	3,30 €	0,00 €
	10 kg–12 kg	6,30 €	0,00 €

Stand: 10.03.2014 Q

Multi-Channel-Versand
Bearbeitung von Bestellungen aus Vertriebskanälen außerhalb von Amazon.de.
Erfüllungsgebühr eines Auftrages = Pick & Pack + Gewichtsgebühr

	Versandmethode	**Standard**	**Premium**
	Pick & Pack pro Einheit	1,50 €	1,50 €
Gewichtsgebühr pro Gesamtgewicht eines Auftrages plus 10 %	Briefumschlag[2]	0,85 €	6,00 €
	0–99 g	1,30 €	6,00 €
	100–499 g	1,70 €	6,00 €
	500–999 g	1,95 €	6,00 €
	1 kg–1,99 kg	2,35 €	6,00 €
	2 kg–4,99 kg	2,50 €	12,90 €
	5 kg–9,99 kg	4,00 €	12,90 €
	10 kg–12 kg	7,00 €	16,90 €

Stand: 10.03.2014 Q

PRODUKTE IN ÜBERGRÖSSE

Amazon.de-Versand Für die Bearbeitung von Bestellungen, die über die Website von Amazon.de eingehen, wird eine Erfüllungsgebühr berechnet, die sich aus Auftragsbearbeitung + Pick & Pack + Gewichtsgebühr zusammensetzt.		
Auftragsbearbeitung pro Auftrag[1]		1,35 €
Pick & Pack pro Einheit		3,00 €
Gewichtsgebühr pro Einheit	0–99 g	0,00 €
	100–499 g	0,50 €
	500–999 g	0,60 €
	1 kg–1,99 kg	1,80 €
	2 kg–4,99 kg	2,30 €
	5 kg–9,99 kg	3,30 €
	10 kg–19,99 kg	6,30 €
	20 kg–30 kg	12,80 €

Stand: 10.03.2014 [Q]

Multi-Channel-Versand Bearbeitung von Bestellungen aus Vertriebskanälen außerhalb von Amazon.de. Erfüllungsgebühr eines Auftrages = Pick & Pack + Gewichtsgebühr			
Versandmethode		**Standard**	**Premium**
Pick & Pack pro Einheit		3,50 €	3,50 €
Gewichtsgebühr pro Gesamtgewicht eines Auftrages plus 10 %	0–99 g	1,30 €	6,00 €
	100–499 g	1,70 €	6,00 €
	500–999 g	1,95 €	6,00 €
	1 kg–1,99 kg	2,35 €	6,00 €
	2 kg–4,99 kg	2,50 €	12,90 €
	5 kg–9,99 kg	4,00 €	12,90 €
	10 kg–19,99 kg	7,00 €	16,90 €
	20 kg–30 kg	12,20 €	19,90 €

Stand: 10.03.2014 [Q]

BEISPIEL EINER ABRECHNUNG ZU EINER BESTELLUNG, DIE ÜBER „VERSAND DURCH AMAZON“ ABGEWICKELT WURDE:

Artikelpreis		
Jako Fußball LIGHT DELUXE Iceblue Gr. 5	Menge: 1	15,95 €
Vom Käufer zu zahlen		15,95 €
Amazon-Gebühren		
Fulfillment-Gebühr pro Stück:		-1,35 €
Gebühr nach Gewicht:		-1,75 €
Verkaufsgebühr:		-2,39 €
Änderung Ihres Verkäuferkonto-Guthabens		10,46 €

Bei diesem Artikel fallen z. B. pro Monat und pro Artikel zusätzlich 0,13 Euro an Lagerhaltungskosten an.

Die aktuellen Preise und Bedingungen finden Sie stets unter *fba.amazon.de.*

LAGERGEBÜHREN:

Für die Einlagerung Ihrer Artikel berechnet Amazon Ihnen Gebühren. Diese sogenannten „Lagergebühren" werden nach zwei Staffeln abgerechnet. Staffel 1 bezieht sich auf die ersten drei Quartale des Jahres, Staffel 2 wird auf das letzte Quartal des Jahres angewendet.

Das von Ihnen in Anspruch genommene Lagervolumen wird von Amazon täglich (!) ermittelt, um daraus zum Ende des Monats einen Durchschnittswert zu berechnen.

Zu jedem eingesendeten Artikel müssen Sie die exakten Maße der verpackten Ware angeben. Oftmals überprüft Amazon Größe und Gewicht nochmals, damit der Wert genau bestimmt werden kann. Für die Kostenberechnung werden die Kubikmetermaße Ihrer Produkte verwendet.

Amazon stellt Ihnen das durchschnittlich in Anspruch genommene Volumen an Lagerkapazität in Rechnung.

Von Januar bis September berechnet Amazon 12,50 Euro pro Kubikmeter und Monat. Von Oktober bis Dezember sind es 18,00 Euro pro Kubikmeter und Monat (Stand: 10.03.2014).

ACHTUNG: Es gibt neben den normalen Lagergebühren noch eine „Langzeitlagergebühr". Alle Einheiten, die seit einem Jahr oder länger im Amazon-Logistiklager sind, werden hier zusätzlich mit einer Gebühr in Höhe von 1.000,- EUR pro Kubikmeter belastet! Dies kann sehr teuer werden, daher sollten Sie Artikel, die sich nicht drehen und die Gefahr laufen, „Opfer" der Langzeitlagergebühren zu werden, durch die Anforderung einer Remission zu Ihnen zurückholen oder sie, wenn sich der Aufwand nicht lohnt, entfernen bzw. entsorgen lassen.

SIE VERKAUFEN AUCH AUF ANDEREN PLATTFORMEN ODER IM EIGENEN SHOP?

Hier bietet Ihnen Amazon den Multi-Channel-Versand an.

Egal, ob Sie über eBay, Ihren hauseigenen Shop, per Telefon, Telefax oder sonst wie ein Produkt verkauft haben, das Amazon-Logistikzentrum versendet Ihre Bestellungen an Ihre Kunden gegen entsprechend anfallende Gebühren.

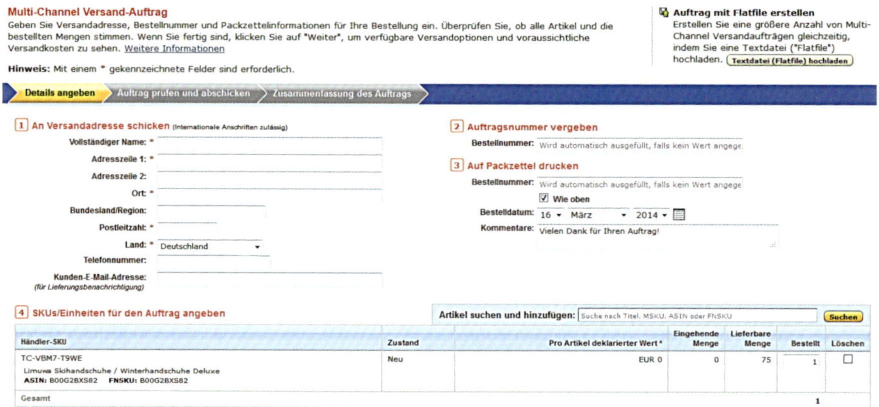

BEISPIELFORMULAR ZUM RECHNEN UND VERGLEICHEN

Einnahmen	Ihr Versand	Amazon-Versand
Artikelpreis		
Im Versand		
Umsatz Zwischensumme		
Kosten		
Amazon-Verkaufsgebühr		
Variable Abschlussgebühr		
Kosten für Versand		
Auftragsbearbeitung		
Pick & Pack		
Ausgehende Lieferung		nicht zutreffend
Gewichtsgebühr		
Lagergebühren (Annahme für 30 Tage)		
Eingehende Lieferung		
Kundenservice		von Amazon bereitgestellt
Vorbereitungsservice		
Kosten für Versand Zwischensumme		
Kosten Zwischensumme		
Auswirkung auf Gewinnspanne		

Tipp: *Versand durch Amazon lohnt sich nicht immer. Vorsicht bei Kleinpreisartikeln!*

WIE ERSTELLE ICH MEINE SENDUNG AN AMAZON?

Die Artikel müssen bereits angelegt sein, bevor Sie sie einsenden können, damit die Produkte sich für den „Versand durch Amazon" qualifizieren.

Über › ***Lagerbestand*** › ***Lagerbestand mit Versand durch Amazon*** (Ihre Lagerübersicht Ihrer bei Amazon lagernden Artikel) wählen Sie bitte zunächst den gewünschten Artikel aus, den Sie einsenden wollen, und legen Sie eine neue Sendung mit › ***Bestand senden/ergänzen*** an.

TIPP: Wenn Sie den Artikel, den Sie einsenden wollen, an dieser Stelle nicht finden, müssen Sie zuerst über ***Lagerbestand*** › ***Lagerbestand verwalten*** den entsprechenden Artikel suchen und über ***Aktionen*** › ***Zu Versand durch Amazon ändern*** für den › ***Versand durch Amazon*** aktivieren.

Hier bestimmen Sie den Absenderort, die Art der Warenverpackung (nur identische Artikel in einem Karton oder „Mixkartons" aus mehreren Artikeln und Größen).

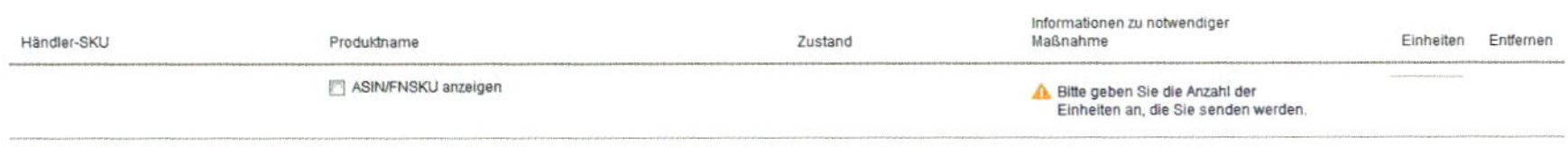

Legen Sie nun bitte die Mengen pro Produkt fest, die Sie mit dieser Sendung einsenden wollen.

Nun meldet Ihnen Amazon, in welches Logistikzentrum Ihre Ware verschickt werden soll, und bittet Sie, eine Bezeichnung für diese neue Sendung festzulegen, damit Sie diese anhand Ihrer Bezeichnung auch schnell wiederfinden können.

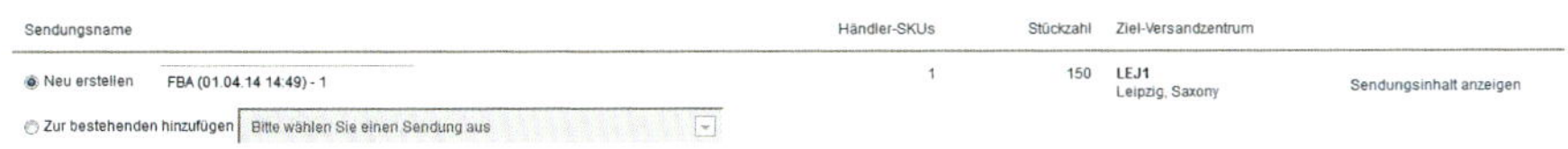

Nachdem die Sendung erstellt wurde müssen Sie sie mit weiteren Angaben „füllen" über den Button › ***Sendung bearbeiten***.

Im nächsten Schritt wählen Sie die Anzahl der Pakete, die Sie für das Einsenden der Ware benötigen aus. Sie erhalten durch das System ein Blatt, das Sie **IN** das Paket legen, und ein Etikett, das Sie **AUF** das Paket kleben. Nur so ist eine schnelle und korrekt zuzuordnende Wareneinsendung möglich.

TIPP: Hinterlegen Sie die Tracking-Codes Ihrer Sendungen an Amazon beim Anlegen der neuen Sendung, damit Sie sie später auch im Amazon-Logistikzentrum nachverfolgen können. Auf diese Weise kann die Sendung bei Lieferproblemen durch den Paketdienst schnell gefunden werden.

Das entsprechende Amazon-Logistikzentrum empfängt nun Ihre Ware und wird sie, je nach Menge der eingehenden Sendungen, innerhalb weniger Stunden oder Tage verarbeiten. Dabei wird Ihre Ware anhand der Sendungsetiketten gescannt, erfasst und anschließend entsprechend der Produktauszeichnung als Lagerbestand eingebucht. Dabei wird sie i. d. R. auch vermessen.

Im › ***Versandmenü*** können Sie den Status Ihrer Sendungen prüfen und kontrollieren. Das System zeigt Ihnen an, ob die Ware schon bei Amazon eingetroffen ist, gerade verarbeitet wird oder bereits eingecheckt ist.

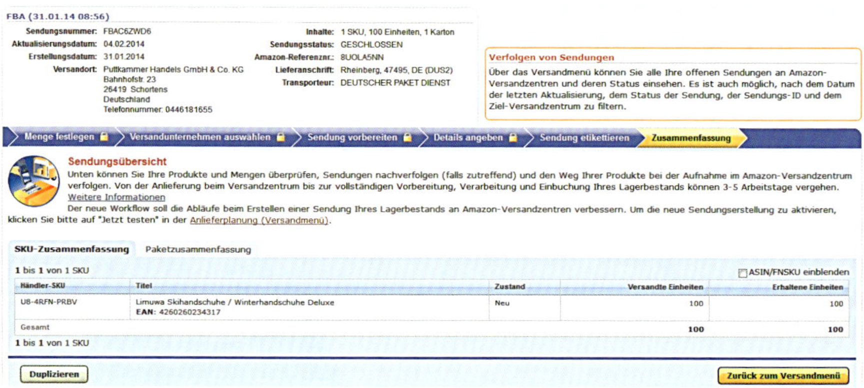

Nachdem die Artikel nun eingebucht und bei Ihnen im System auch als Lagerbestand einsehbar sind, kann der Kunde die Produkte kaufen und Amazon übernimmt ab sofort Ihren Versand für alle eingehenden Bestellungen, solange die Bestellmengen ausreichend gedeckt sind.

Sie sehen in Ihrem Lagerbestand auch die Menge, die reserviert ist, also i. d. R. von einem Kunden bestellt wurden, und die noch verfügbare Anzahl.

In der Spalte › ***Nicht verkaufbar*** finden Sie ggf. eine Zahl. Dies ist die vorhandene Menge eines Artikels, die nicht mehr verkauft werden kann. Ein Grund kann sein, dass ein Kunde das Produkt beschädigt zurückgeschickt hat oder dass es vom Kunden als „defekt" deklariert wurde. In diesem Fall nimmt Amazon den Artikel aus dem Verkauf. Sie haben die Möglichkeit, ihn durch einen Klick auf die Mengenangabe zu entsorgen oder ihn retournieren zu lassen.

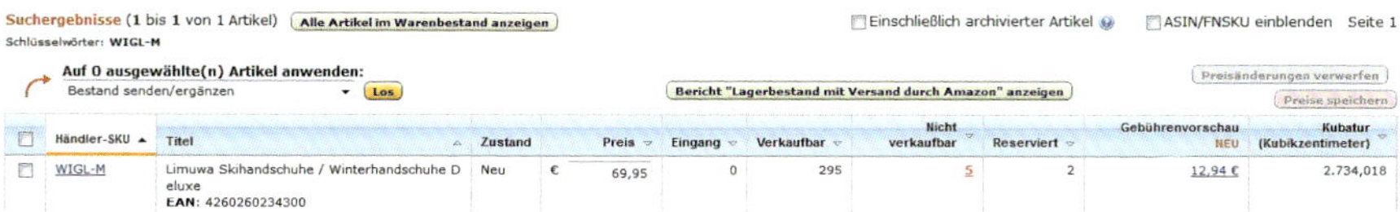

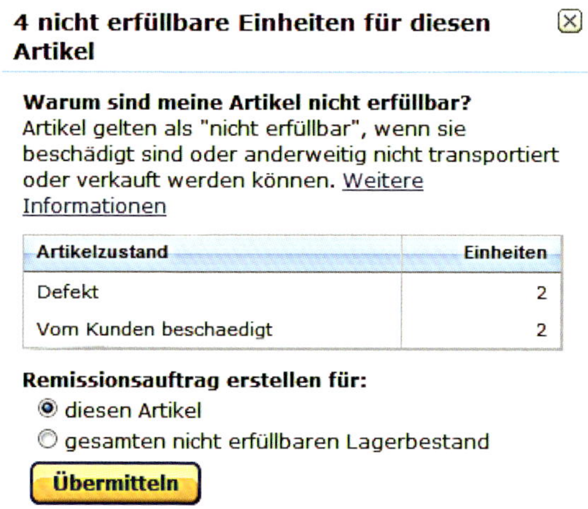

TIPP: Lassen Sie sich alle Artikel zurückschicken, wenn der Warenwert nicht zu gering ist. Oftmals werden sie als „defekt" oder „vom Kunden beschädigt" gekennzeichnet, obwohl z. B. nur die Verpackung defekt ist und Amazon das Produkt so nicht wieder verschicken kann. Durch eine neue Verpackung ist es aber vielleicht wieder verkäuflich.

Bestellt ein Kunde bei Amazon nun u. a. Ihren Artikel, wird der gesamte Versandprozess inklusive der Bearbeitung von Retouren, Gutschriften, Nachfragen etc. automatisch über Amazon abgewickelt. Ihre Aufgabe ist lediglich der Versand der Rechnung an Ihren Kunden.

WAS PASSIERT, WENN MEINE WARE BESCHÄDIGT WIRD?

Amazon verfügt über jahrelange Erfahrung im Bereich der Logistik und sorgt dafür, dass Ihre Produkte sorgfältig behandelt werden. Die Ware ist Ihr Kapital, daher legt Amazon sehr viel Wert darauf, die Produkte in allen Arbeitsschritten sachgerecht zu verarbeiten. Sollte es jedoch einmal zu einer Beschädigung kommen oder sollten Artikel im Lager von Amazon verloren gehen, erhalten Sie dafür eine Erstattung.

Grund				Gesamtsumme	
Beschädigt:Lager				EUR 10.98	
SKU	Titel	Zustand	Menge	Betrag/Einheit	Gesamtbetrag
4997	Limuwa Doppelhub-Pumpe...	NewItem	3	EUR 3.66	EUR 10.98

Gesamte Erstattung: EUR 10.98

WIE MUSS ICH MEINE WAREN ETIKETTIEREN, DAMIT AMAZON DIE PRODUKTE AUCH DEN RICHTIGEN ASINS ZUORDNEN KANN?

Ihre Ware hat fehlende, mehrere oder falsche Barcodes?

Achten Sie darauf, dass auf jedem ausgehenden Produkt nur einer, und zwar der korrekte Barcode angebracht ist. Falls ein Artikel einen falschen oder gar keinen EAN-Code aufweist, können Sie auch Etiketten direkt in der Seller-Central ausdrucken und ihn damit kennzeichnen.

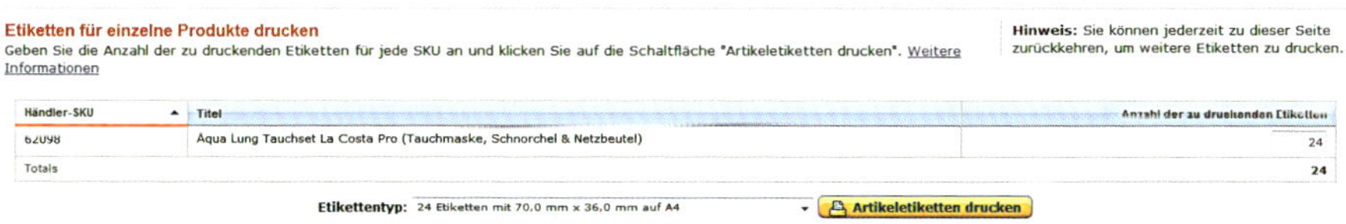

B00G2BXSU0

Limuwa Skihandschuhe / Winterhandschuhe Deluxe
Neu

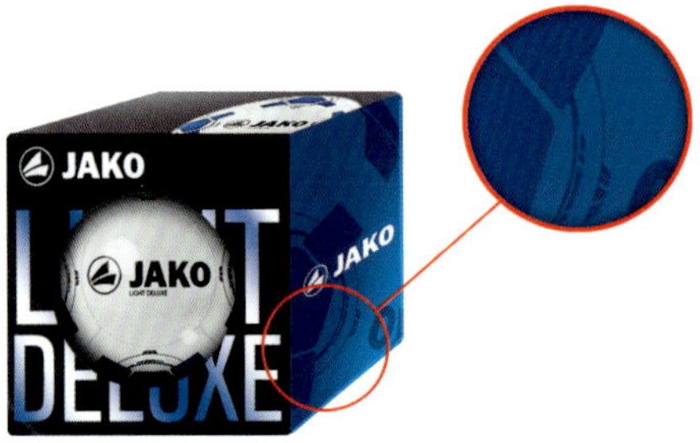

FALSCH!

Fehlender EAN-Code

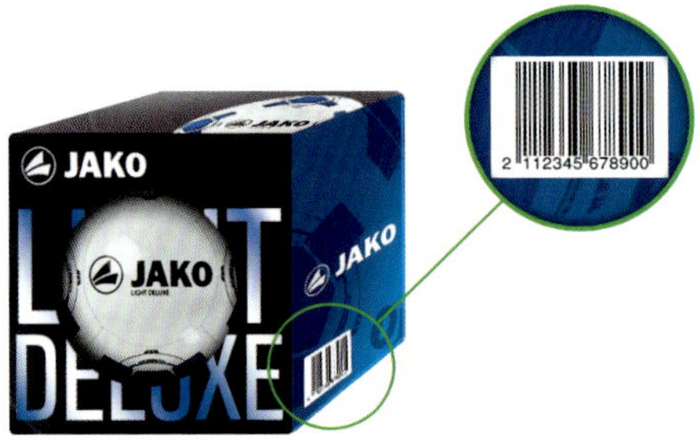

RICHTIG!

EAN-Code vorhanden

FALSCH!

Zwei verschiedene Barcodes

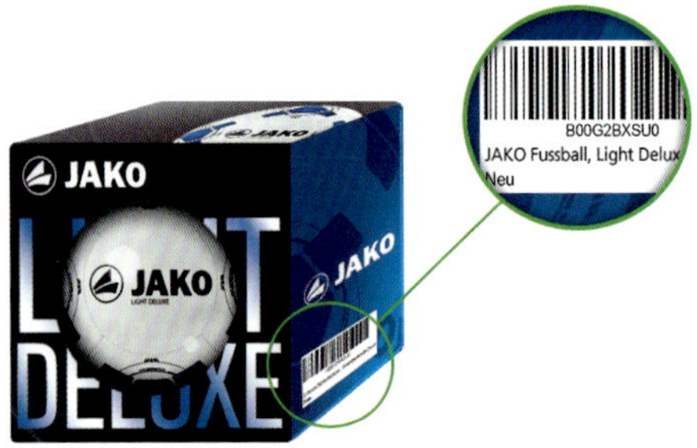

RICHTIG!

Amazon-Etikett

Expansion europaweit

Amazon hat sich dazu entschlossen, die Verkäuferkonten in ganz Europa zu vereinen, um Ihnen die Expansion in Nachbarländer so angenehm und einfach wie möglich zu machen. Sie können mit Ihrem Verkäuferkonto nicht nur Deutschland und seine Millionen Amazon-Kunden bedienen, sondern gleichzeitig und ohne viel Zusatzarbeit weitere Millionen Kunden in Frankreich, Italien, Spanien und Großbritannien. Ein Verkäuferkonto, eine SellerCentral-Plattform für fünf Länder!

Neben dem › ***Europäischen Verkäuferkonto*** gibt es auch ein Pendant zur logistischen Abwicklung über › ***Versand durch Amazon***, nämlich das › ***Europäische Versand-Netzwerk***.

WAS GENAU IST EIN „EUROPÄISCHES VERKÄUFERKONTO"?

Amazon fasst in Ihrer SellerCentral alle fünf europäischen Marktplätze (amazon.de, amazon.co.uk, amazon.fr, amazon.it, amazon.es) zusammen. Sie müssen also nicht fünf verschiedene Konten eröffnen und bezahlen, sondern können ganz bequem über Ihr vorhandenes Verkäuferkonto auch die anderen Marktplätze bedienen. Somit behalten Sie einen optimalen Gesamtüberblick in Sachen Lagerbestand und Bestellaufkommen. Auf diese Weise macht Amazon die Expansion ins europäische Ausland auch für Sie möglich.

WERDEN MEINE PRODUKTE AUTOMATISCH IN ALLEN FÜNF MARKTPLÄTZEN GELISTET ODER KANN ICH DIES BEEINFLUSSEN?

Sie müssen für jeden Marktplatz eine separate Listung Ihrer Produkte einpflegen, können also selbst entscheiden, welchen Marktplatz Sie bedienen möchten und welchen lieber nicht.

Amazon bietet mit dem › ***Europäischen Verkäuferkonto*** die tolle Möglichkeit, die Lagerbestände zentral über alle Marktplätze, auf denen Sie verkaufen wollen, zu verwalten. Wenn Sie z. B. über amazon.fr ein Produkt verkaufen, reduzieren sich die verfügbaren Lagerbestände auch auf allen anderen Marktplätzen.

WIE KANN ICH MEINE PRODUKTE VON AMAZON.DE NUN AUF DIE ANDEREN MARKTPLÄTZE ÜBERTRAGEN?

Amazon bietet Ihnen hier praktische Hilfsmöglichkeiten, um Produkte, die Sie auf amazon.de verkaufen und die beispielsweise auch auf amazon.co.uk bereits durch andere Händler gelistet sind, in wenigen Minuten zu übertragen.

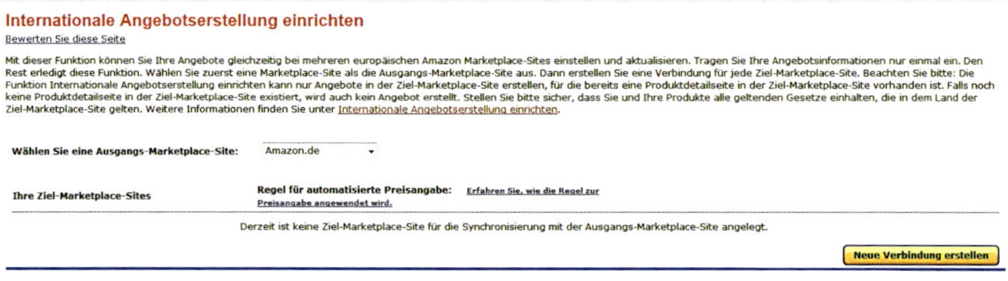

Mit dieser Funktion bzw. diesem Tool können Sie Ihre Angebote gleichzeitig auf mehreren europäischen Amazon-Marketplace-Sites einstellen oder ggf. aktualisieren. Wählen Sie zuerst einen Marktplatz als Ausgangspunkt aus. Dann erstellen Sie eine Verbindung zu jedem Ziel-Marktplatz.

Falls noch keine Produktdetailseite in dem Ziel-Marktplatz existiert, wird auch kein Angebot erstellt. Verkaufen Sie Produkte, die auf den anderen Plattformen noch nicht gelistet sind, müssen Sie sie für jeden Marktplatz separat anlegen.

Hierzu wählen Sie ganz oben in Ihrer SellerCentral den entsprechenden Marktplatz aus, für den Sie neue Produktangebote erstellen möchten, und legen diese Produkte genauso an, wie Sie es bei amazon.de machen.

RECHNET AMAZON DIE PREISE DANN IN DIE JEWEILIGE LANDESWÄHRUNG UM?

Sie können die Verkaufspreise für jede einzelne Plattform frei bestimmen und so dem Wettbewerb sowie den jeweiligen Besonderheiten der einzelnen Marktplätze anpassen.

WAS IST DAS „EUROPÄISCHE VERSAND-NETZWERK"?

Der › ***Versand durch Amazon*** ermöglicht es Ihnen nicht nur, Kunden in ganz Deutschland bequem und mit höchstem Versandstandard durch das Amazon-Logistiklager zu beliefern, sondern europaweit.

Dank des › ***Europäischen Versand-Netzwerks*** sind Sie als Verkäufer in Deutschland in der Lage, Ihre Produkte an Kunden in ganz Europa zu versenden. Dies gilt für alle Marktplätze, auf denen Sie anbieten. So können Kunden aus anderen Ländern z. B. auch über amazon.de Ihre Produkte bestellen und in das entsprechende Zielland senden lassen.

Sie haben die Möglichkeit, in der SellerCentral unter › ***Lagerbestand*** › ***Lagerbestand mit Versand durch Amazon*** die Exporteinstellungen anzupassen und die Exportländer freizugeben.

Kartonagen und Verpackungshinweise

Amazon erwartet von seinen Händlern eine professionelle Abwicklung, die den hohen Erwartungen seiner Kunden entspricht. Dies fängt beim ersten Eindruck der Lieferung an. Da ich fast täglich Produkte bei Amazon bestelle, bekomme ich auch vieles direkt durch Händler geliefert, die bei Amazon verkaufen. Das Paket ist das, was der Kunde zuerst sieht, es ist das Aushängeschild eines jeden Versandhändlers. Beschädigte, wiederverwertete oder nicht passende Verpackungen erwecken beim Kunden sofort einen schlechten Eindruck. Amazon-Kunden erwarten ein sauberes Paket und möchten nicht das Gefühl haben, Versandkartons mit ihrer Bestellung vor dem Altpapiercontainer gerettet zu haben. Ihre Ware ist neu, also sollte es der Karton auch sein. Viele Händler verwenden alte Schuhkartons und gebrauchte Produktverpackungen, um ihre Artikel zu versenden. Stattdessen sollten Sie sich einen guten Lieferanten für Kartonagen suchen und sich passende Kartons für Ihre Produkte beschaffen. Arbeiten Sie mit verschiedenen Kartongrößen für Ihre gängigsten Produkte und schützen Sie Ihre Ware beim Versand z. B. durch umweltfreundliches Papier als Füllmaterial. Testen Sie im Zweifelsfall vorab, ob Ihre Ware gut geschützt ist, indem Sie sich selbst einmal ein Paket senden. Der Umgang bei den Paketdiensten ist sehr unterschiedlich, und Ihre Sendung sollte daher auch gegen wildes Herumwerfen und häufiges Anpacken geschützt sein.

Beim Verschließen der Kartons sollten Sie auch auf Ordnung achten und die Schachtel nicht kreuz und quer mit einem dunklen Klebeband umwickeln, denn das wirkt unprofessionell. Wir arbeiten z. B. mit Verpackungsmaschinen, die die Kartons in einem Schritt von oben und unten mit einem breiten Klebeband sauber verschließen.

TIPP: Lieferanten für Kartonagen und eine Verpackungsmaschine empfehle ich Ihnen gerne auf ***www.millionärsfabrik.de***

Verpackungsverordnung (VerpackV)

Dieses Wort geistert immer wieder durch das Internet, viele Versender wissen aber trotzdem nicht, was es genau mit dieser Verpackungsverordnung auf sich hat.

Ich kann Ihnen nur dringend empfehlen, sich mit diesem Thema zu befassen, da Sie sonst Gefahr laufen, Bußgeldbescheide, Schadenersatzansprüche oder Abmahnungen zu empfangen.

Gemäß der 5. Novelle der Verpackungsverordnung (VerpackV)[Q] müssen seit dem 01.01.2009 alle Versender, die Waren an private Endkunden oder haushaltsähnliche Abnehmer liefern, ihre Verkaufsverpackungen über ein zugelassenes Rücknahmesystem lizenzieren lassen. Diese Rücknahmesysteme sind unter dem Namen „Duales System" in Deutschland bekannt. In der Verpackungsverordnung fallen unter den Begriff „Verkaufsverpackungen" auch alle Versandverpackungen.

TIPP: Weiterführende Informationen und zuverlässige Partner für diesen Bereich empfehle ich Ihnen gerne auf ***www.millionärsfabrik.de***

„Gesponserte Produkte"

Sie haben bei Amazon auch die Möglichkeit, Produkte, die Sie hier verkaufen wollen, über das sogenannte „Gesponserte Produkte"-Werbeprogramm von Amazon prominent zu bewerben.

Dadurch haben Sie die Chance, sich bei starken Suchbegriffen oder neuen Produkten, die noch kein gutes Ranking haben, gut zu platzieren und Kunden auf Ihre Produktdetailseite zu locken! Die Anzeigen, die Sie pro Klick bezahlen, garantieren Ihnen eine hohe Sichtbarkeit.

Diese Anzeigen werden von Amazon an verschiedenen Stellen platziert, z. B. unter den „normalen" Produkt-Suchergebnissen.

Aktuell können Sie die Anzeigen für folgende Kategorien buchen: Auto, Baby, Baumarkt, Beleuchtung, Bürobedarf & Schreibwaren, Computer & Zubehör, Drogerie & Körperpflege, Elektro-Großgeräte, Elektronik & Foto, Filme & TV, Games, Garten, Haustier, Kamera & Foto, Klassik, Küche & Haushalt, Lebensmittel & Getränke, Motorrad, Musik, Musikinstrumente & DJ-Equipment, Parfümerie & Kosmetik, Schmuck, Schuhe & Handtaschen, Software, Spielzeug, Sport & Freizeit und Uhren.

Auch bei dieser Werbeform werden die Gebühren nach dem Prinzip „Cost per Click" abgerechnet. Sprich: Der Kunde sieht Ihre Anzeige, findet sie interessant und klickt sie an. Dann zahlen Sie Amazon für diesen Klick eine Gebühr. Ohne interessierte Amazon-Kunden und dementsprechende Klicks auf Ihre Angebote entstehen auch keine Kosten. Die Gebühr pro Klick basiert auf einem Gebot. Gebote werden automatisch auf den Minimalbetrag für jede Gebotskategorie festgelegt.

Für eine optimale Anzeigenplatzierung setzen Sie Ihre Gebote auf den höchsten Betrag, den Sie für einen Klick zu zahlen bereit sind, um sich gegen Mitbewerber durchzusetzen. Der durchschnittliche Preis liegt bei 0,02 Euro, kann aber je nach Wettbewerb stark schwanken.

UND SO LEGEN SIE PRODUKTE FÜR DAS WERBEPROGRAMM FEST:

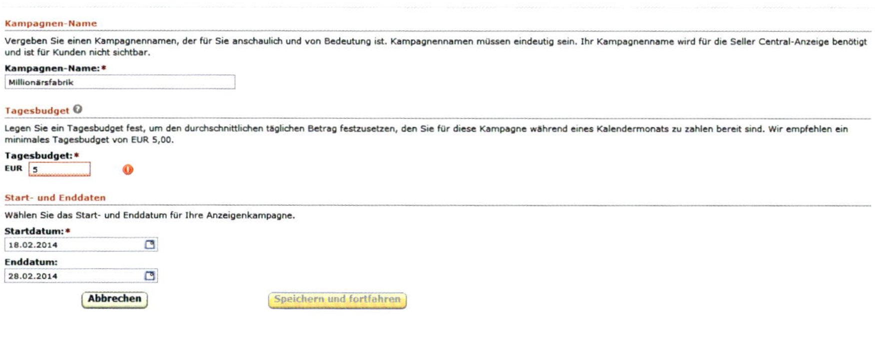

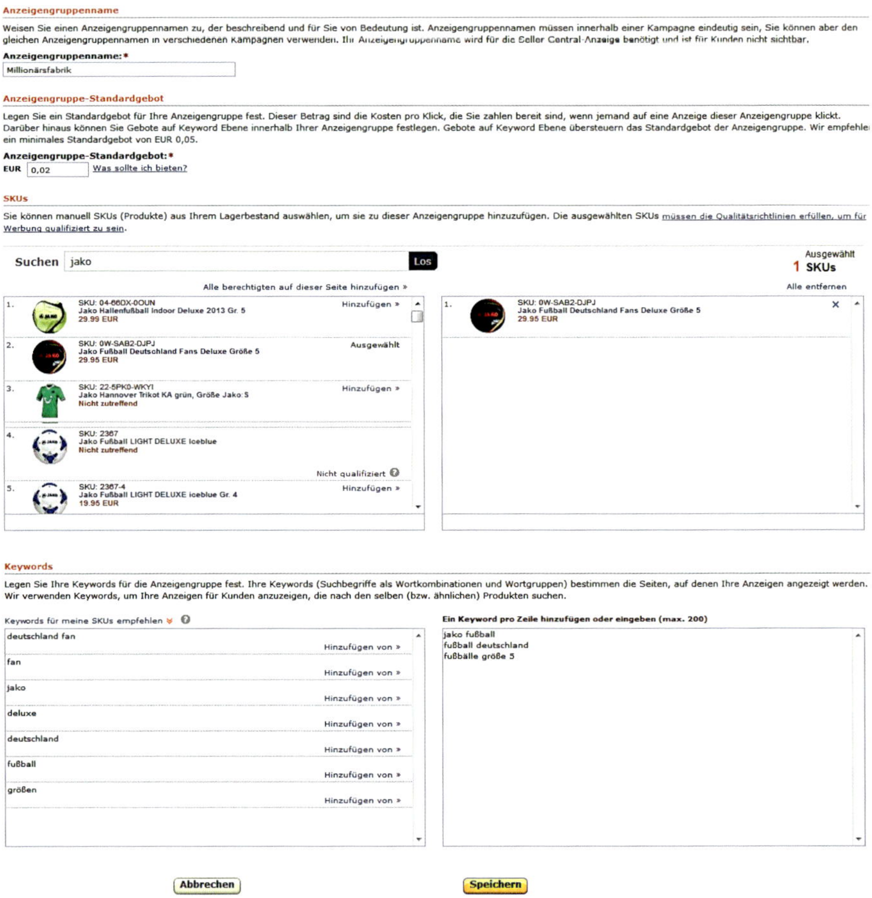

Anzeigengruppenname
Weisen Sie einen Anzeigengruppennamen zu, der beschreibend und für Sie von Bedeutung ist. Anzeigengruppennamen müssen innerhalb einer Kampagne eindeutig sein, Sie können aber den gleichen Anzeigengruppennamen in verschiedenen Kampagnen verwenden. Ihr Anzeigengruppenname wird für die Seller Central-Anzeige benötigt und ist für Kunden nicht sichtbar.
Anzeigengruppenname:*
Millionärsfabrik
Anzeigengruppe-Standardgebot
Legen Sie ein Standardgebot für Ihre Anzeigengruppe fest. Dieser Betrag sind die Kosten pro Klick, die Sie zahlen bereit sind, wenn jemand auf eine Anzeige dieser Anzeigengruppe klickt. Darüber hinaus können Sie Gebote auf Keyword Ebene innerhalb Ihrer Anzeigengruppe festlegen. Gebote auf Keyword Ebene übersteuern das Standardgebot der Anzeigengruppe. Wir empfehlen ein minimales Standardgebot von EUR 0,05.
Anzeigengruppe-Standardgebot:*
EUR 0,02
Was sollte ich bieten?
SKUs
Sie können manuell SKUs (Produkte) aus Ihrem Lagerbestand auswählen, um sie zu dieser Anzeigengruppe hinzuzufügen. Die ausgewählten SKUs müssen die Qualitätsrichtlinien erfüllen, um für Werbung qualifiziert zu sein.
Suchen
jako
Los
Ausgewählt
1 SKUs
Alle berechtigten auf dieser Seite hinzufügen »
Alle entfernen
1. SKU: 04-66DX-0OUN
Jako Hallenfußball Indoor Deluxe 2013 Gr. 5
29.99 EUR
Hinzufügen »
2. SKU: 0W-SAB2-DJPJ
Jako Fußball Deutschland Fans Deluxe Größe 5
29.95 EUR
Ausgewählt
3. SKU: 22-5PK0-WKYI
Jako Hannover Trikot KA grün, Größe Jako:S
Nicht zutreffend
Hinzufügen »
4. SKU: 2367
Jako Fußball LIGHT DELUXE Iceblue
Nicht zutreffend
Nicht qualifiziert
5. SKU: 2367-4
Jako Fußball LIGHT DELUXE iceblue Gr. 4
19.95 EUR
Hinzufügen »
1. SKU: 0W-SAB2-DJPJ
Jako Fußball Deutschland Fans Deluxe Größe 5
29.95 EUR
Keywords
Legen Sie Ihre Keywords für die Anzeigengruppe fest. Ihre Keywords (Suchbegriffe als Wortkombinationen und Wortgruppen) bestimmen die Seiten, auf denen Ihre Anzeigen angezeigt werden. Wir verwenden Keywords, um Ihre Anzeigen für Kunden anzuzeigen, die nach den selben (bzw. ähnlichen) Produkten suchen.
Keywords für meine SKUs empfehlen
Ein Keyword pro Zeile hinzufügen oder eingeben (max. 200)
deutschland fan
Hinzufügen von »
fan
Hinzufügen von »
jako
Hinzufügen von »
deluxe
Hinzufügen von »
deutschland
Hinzufügen von »
fußball
Hinzufügen von »
größen
Hinzufügen von »
jako fußball
fußball deutschland
fußbälle größe 5
Abbrechen
Speichern

TIPP: Die beste Sichtbarkeit erhalten Sie durch eine Platzierung Ihrer Produkte in den ersten beiden Reihen der Suchtreffer. Wie Sie hier landen und dauerhaft bleiben, erfahren Sie im Workshop unter ***www.millionärsfabrik.de***

Preiskampf

Wenn ich meinen „täglichen Rundgang" über die Plattform Amazon mache, fallen mir immer wieder neue Produkte auf, bei denen ich denke: Die will ich auch verkaufen! Dann schaue ich mir die Produkte aber näher an, kalkuliere sie durch und merke: Du kannst zwar mit diesem Produkt in kurzer Zeit 100.000 Euro Umsatz realisieren aber gleichzeitig jede Menge Geld verschleudern. Nicht jedes Produkt ist gleich gut geeignet. Wieso aber tun sich Händler so etwas an?

Diese Frage kann man leicht anhand eines Beispiels beantworten. Nehmen wir einmal einen absoluten Bestseller, neue Fußbälle z. B. von Adidas zu einer WM, EM oder zu einer neuen Bundesliga-Saison. Mit viel Aufwand und Marketingeinsatz macht Adidas dieses Produkt begehrt. Der Ball kostet zwar weit mehr als 100 Euro, aber er wird ein MUSS für jeden Kicker. Als Sportfachhändler wird mir genau das von meinem Außendienst prophezeit, und zwar schon viele Monate vor dem Event. Ohne überhaupt zu wissen, wie der Ball aussehen wird, bestelle ich bei Adidas. Da der Außendienst von Adidas vermutlich einen guten Job macht, werden sich die meisten Sportgeschäfte mit diesem Produkt eindecken, entweder im kleinen Rahmen für das Fachgeschäft oder aber in großer Menge für den Versandhandel, und sich durch die Höchstmenge auch noch Bestkonditionen sichern.

Nun startet Adidas die Auslieferung. Händler A legt den Artikel bei Amazon an. Fotos, Beschreibungen und der Produkt-EAN-Code werden hinterlegt, dazu die verfügbare Menge und, so sollte es zumindest sein, im ersten Schritt die unverbindliche Preisempfehlung des Herstellers, denn warum sollte der Händler Geld verschenken? Wenn der Kunde den Artikel sucht und dieser nur bei Händler A verfügbar ist, zahlt er auch den Preis. Der Gedanke ist super, die Umsetzung auch. Der Artikel ist gelistet. In der Theorie kann der Händler nun richtig abkassieren und große Mengen verkaufen. In der Praxis aber dauert es keine 30 Minuten bis mindestens 20 weitere Händler ebenfalls auf Amazon den Artikel anlegen wollen. Da aber der erste Händler dies schon getan hat, meldet Amazon, dass es schon eine Listung zu diesem Produkt mit diesem EAN-Code gibt. Das heißt: Ring frei für den Konkurrenzkampf.

Damit ich statt meiner Mitbewerber in der Buybox angezeigt werde schraube ich den Preis nach unten. Und so geht das über alle Händler hin und her, bis wenige Stunden später ein Verkaufspreis bei Amazon zu erzielen ist, bei dem ich als Sportfachhändler mit Kenntnis aller Konditionen des Herstellers weiß, dass der bestplatzierte Händler mit jedem gekauften Artikel Geld verliert. Je mehr er verkauft, desto mehr Geld schmeißt er aus dem Fenster. Da überlegt man sich doch, ob es nicht einfacher gewesen wäre, auf die Order zu verzichten, das Fenster zu öffnen und das Geld direkt hinauszuwerfen, denn der Aufwand wäre deutlich geringer gewesen.

*Ich behaupte, es ist keine Kunst, **10 Millionen Euro** im Jahr mit Amazon umzusetzen.*

Ich würde hier ganz anders vorgehen. Ich hätte bei Adidas für den ersten möglichen Termin gar keine Vorbestellung aufgegeben, denn Geld kann ich damit nicht verdienen. Ich hätte mir die Ware einige Wochen später liefern lassen. Denn in den meisten Fällen sind wenige Wochen nach dem Verkaufsstart solcher Produkte die ersten Lager der Händler leer geräumt. Bei den aktiven Amazon-Händlern ist der Ball ausverkauft und Adidas selbst hat den Artikel vielleicht gerade nicht in großen Mengen für Nachbestellungen verfügbar. Genau an dieser Stelle, an der die Nachfrage immer noch enorm ist, kann man den Ball zu einem tollen Kurs verkaufen und verdient damit auch noch Geld.

Hätten die Händler ein wenig gewartet und wären mit ihrem äußersten Preis bei Amazon gelistet gewesen, hätten sie diesen Preis auch erzielen können. Nur eben einige Tage oder Wochen später. Genau das ist der Punkt, warum ich immer wieder sage: Mit solch einem Massenartikel kann man einfach kein Geld machen. Das Geld wird mit Nischenprodukten aller Art und aller Produktbereiche verdient. Mit Produkten, die man sonst nirgendwo bekommt, mit Herstellern, die niemand sonst kaufen will, mit Produkten, für die es aber eine große Zielgruppe gibt.

Hier gibt es unendliche Möglichkeiten. Wenn ich z. B. selbst eine Ware produziere, etwa eine eigene Mützenkollektion in Heimarbeit, oder wenn ich von einem Hersteller einen großen Restposten aufkaufen kann und sonst niemand mehr den Artikel führt, kann ich Geld verdienen. Und ich denke, darum geht es. Ich behaupte, dass es keine Kunst ist 10 Millionen Euro im Jahr mit Amazon umzusetzen aber die wahre Kunst liegt darin, Gewinn zu erwirtschaften. Behalten Sie Gebühren, Steuern und die logistische Abwicklung immer im Auge!

Bei Produkten, die man bei Amazon anbietet, ist das Thema „Preis" mitbestimmend für den Erfolg. Man muss die Mitbewerber jederzeit im Auge behalten, um nicht später auf die gesamten Umsätze verzichten zu müssen, nur weil man ein paar Cent teurer war und nicht bemerkt hat, dass der Konkurrent sich heimlich an einem vorbeigeschlichten hat.

Wenn Sie Markenprodukte bei Amazon verkaufen, wird der Hersteller früher oder später Anrufe von Mitbewerbern aus dem stationären Handel erhalten, die sich darüber aufregen, dass Sie bei Amazon genau dieses Markenprodukt mit einem deutlichen Rabatt verkaufen.

An einem unfassbaren Erlebnis möchte ich Sie gerne teilhaben lassen, damit Sie sehen, wie hart umkämpft der Markt bei Amazon wirklich ist. Und das nicht ohne Grund, denn Amazon ist einfach die gigantischste Absatzplattform, die ein Händler haben kann!

Gerade in den letzten Monaten fühlte ich mich beim Verkauf einiger Produkte mehr wie in einem Hollywood-Blockbuster als in einem seriösen Versandhandel. Einer meiner Mitbewerber hat gängige Produkte einer großen deutschen Sportartikelmarke bei Amazon eingestellt und scheinbar auch sehr gut verkauft.

Mitten im Weihnachtsgeschäft erhalte ich einen Anruf von einem Außendienstmitarbeiter einer meiner besten und größten Lieferanten. Er fragte mich, wieso ich meine Angebote „über" die eines anderen Kunden des Lieferanten listen und ihm die Umsätze klauen würde. Der andere Kunde habe die Angebote erstellt und wir würden uns einfach dranhängen und nun die Verkäufe realisieren.

Da mein Buch zu diesem Zeitpunkt leider noch nicht fertig war, habe ich dem Außendienstmitarbeiter die Funktionsweise von Amazon in Kurzform erklärt und ihm klargemacht, dass Amazon anders funktioniert als das ihm bekannte eBay.

Da wir unsere Sortimentspalette mit Marken und Produkten dieses Herstellers immer weiter ausbauen, kamen wir in der Vergangenheit immer wieder an einen Punkt, an dem der Mitbewerber mit unserer völlig korrekten Vorgehensweise nicht einverstanden war. Dabei sind nicht immer nur nette Worte gefallen.

Das zeigt, wie sensibel das ganze Thema ist und um welche riesigen Umsatzgrößen es beim „Verkaufen auf Amazon" geht!

Händler-Support bei Amazon

Der Amazon-Verkäuferservice ist eine ganz entscheidende Verbindung zwischen Amazon und seinen Händlern. Bei Problemen jeder Art steht der Verkäuferservice den aktiven Händlern mit Rat und Tat zur Seite. Dabei gibt es die verschiedensten Bereiche, in denen Sie Hilfe brauchen werden.

- **Einstellungen des Verkäuferkontos:**
  Fragen zu Vertragsrichtlinien, Gebühren und Steuern, bei Manipulationen per E-Mail oder Ihres Kontos, Fragen zur Einrichtung des Verkäuferkontos oder zum Verkaufstarif. Man hilft Ihnen zeitnah, wenn Sie mit Einstellungen oder Änderungen rund um das Verkäuferkonto nicht zurechtkommen und Unterstützung benötigen.

- **Fragen zum Lagerbestand:**
  Sie können falsche Informationen auf Produktseiten melden, sich für weitere Kategorien freischalten lassen, Fragen zur Datenübermittlung und Erstellung neuer Produkte oder jedes andere Anliegen vorbringen, das Probleme mit Produkten oder Produktdarstellungen jeder Art betrifft.

- **Fragen zu Bestellungen:**
  Bei Fragen zu Retouren, Gutschriften, Stornierungen, A-bis-Z-Garantieanträgen oder zu Kundenbewertungen finden Sie den richtigen Ansprechpartner im Amazon-Seller-Support-Team.

- **Versand:**
  Sollten sich Fragen zu Versandeinstellungen, Versandkosten oder irgendeinem anderen Bereich des Versands ergeben, finden Sie unter dieser Rubrik schnelle Hilfe.

- **Zahlungen:**
  Beim Verkäuferservice stellen Sie Ihre Fragen zum Thema Zahlungen, sowohl bezüglich Auszahlungen von Amazon an Sie als auch bei Kundenzahlungen.

- **Versand durch Amazon:**
  Fragen zu der gesamten Bandbreite, die „Versand durch Amazon" betrifft, gehen ebenfalls an den Verkäuferservice. Probleme mit Eingangssendungen, Fragen zum Lagerbestand oder zu ausgehenden Sendungen werden hier bearbeitet.

- **Verstöße melden:**
  Müssen Sie Verstöße auf Produktdetailseiten oder bei anderen Angeboten melden, sind Sie beim Verkäuferservice richtig.

- **Verbesserungsvorschlag:**
  Haben Sie Verbesserungsvorschläge, so nimmt das Seller-Support-Team diese gerne entgegen.

Als Händler kann ich wählen, ob sich der Verkäuferservice per E-Mail oder per Telefon bei mir melden soll. Je nach Anliegen und Umfang kann ich mich für die Variante entscheiden, die mir am bequemsten erscheint.

Meine Erfahrungen mit dem Verkäufersupport von Amazon sind durchweg positiv. Meine Fragen, und glauben Sie mir, es sind im Laufe der Jahre einige Hundert gewesen, wurden immer schnell und vor allem kompetent beantwortet. In den meisten Fällen konnten Probleme dadurch sofort beseitigt bzw. offene Fragen direkt geklärt werden. Wer schon auf anderen Plattformen oder in anderen Shops verkauft hat, wird wissen, wie wertvoll eine Unterstützung durch ein kompetentes Service-Team ist. An dieser Stelle ein großes Lob an alle Mitarbeiter, die sich in den letzten Jahren mit meinen Problemen herumschlagen mussten.

Amazon als Teil von Multichannel

Multichannel-Anbieter binden neben den klassischen Modellen und ihren eigenen Shops immer mehr auch Amazon als Teil ihres Multichannel-Konzepts ein.

Baby-Walz, SportScheck, Pearl oder zooplus sind nur einige Beispiele von sehr erfolgreichen Versandhäusern, die mit ihren Katalogen, stationären Filialen und Onlineshops bereits flächendeckend aufgestellt sind. Die Einbindung von Amazon sowie die Präsentation der Produkte bei Millionen von Amazon-Kunden zeigen, dass diese Unternehmen von diesem Instrument der Umsatzsteigerung überzeugt sind und dieses daher auch gezielt einsetzen.

Beeindruckend finde ich daher auch die Tatsache, dass von den 1.000 stärksten Onlineshops in Deutschland rund 445 Versandhändler ebenfalls über Amazon-Marketplace verkaufen – das ist fast jeder zweite!

Hier stellt sich auch die Frage, warum diese Shops zu den führenden 1.000 Shops in Deutschland gehören. Ich vermute, dass bei sehr vielen dieser 445 Versandhändler der Umsatz über Amazon einen großen Anteil am Gesamtumsatz ausmacht!

Im Vergleich hierzu nutzen 49,5 % dieser 1.000 Onlineshops stationäre Ladengeschäfte neben dem eigenen Onlineshop, „nur" 28,7 % dagegen eBay, 23,4 % einen Katalog und 0,9 % das Teleshopping.

Und es hat Boom gemacht

Ich kann mich noch sehr gut an ein Wochenende vor einigen Jahren erinnern. Samstagabends prüfe ich, wie immer, meine E-Mails und Bestellungen aus den verschiedenen Kanälen. Beim geschulten Blick auf mein Amazon-Konto fällt mir direkt eine Besonderheit auf: Der Umsatz mit den Slacklines (Bänder zum Balancieren) ist explodiert. Statt sonst vielleicht zwei bis drei Slacklines dieser Art wurden am Freitagabend und Samstag bisher mehr als 400 Stück bestellt. Ich prüfe also schnell die Aktualität der Lagerbestände und kann durchatmen. Wir haben sogar noch zwei Stück auf Lager.

Schnellstens bemühte ich mich über meine Warenwirtschaftsverbindung zu meinen Lieferanten um Nachschub und konnte so auch am Wochenende sicherstellen, dass ich am Dienstag mehr als 1.000 Slacklines geliefert bekomme. Es gab zwar am Montag noch eine Nachfrage vom Lieferanten, ob ich mich nicht vielleicht vertan hätte, aber damit war bei dieser Menge zu rechnen. Die Nachfrage hielt am Wochenende unverändert an, sodass ich am Sonntag und Montag wieder Bestellungen in einem ähnlichen Umfang bearbeiten musste. Ausgelöst wurde dieser Boom durch Berichte auf großen Fernsehsendern zum Thema Slacklines, die sich anschließend auch im Internet wie ein Lauffeuer verbreitet haben.

Da ich den Bestand und die wichtigsten Produkte immer im Auge habe, kann ich hier Umsätze erzielen, während Mitbewerber auf solche „Umsatzexplosionen" nicht vorbereitet sind.

Die Macht der Medien ist enorm groß und durch bestimmte Berichte können Kauftrends entstehen, die in erster Linie bei der Nummer 1, bei Amazon, gesucht und erstanden werden, was ich inzwischen schon bei sehr vielen Produkten erleben durfte.

Spielzeugverkauf in der Weihnachtszeit

Zur Weihnachtszeit herrscht bei Amazon der Ausnahmezustand. Gerade in dieser Zeit möchte man seine Kunden aber nicht enttäuschen und das gewohnte Niveau in Sachen Lieferung und Qualität aufrechterhalten. Daher stellt Amazon zu dieser Zeit besonders hohe Ansprüche an seine Verkäufer, insbesondere in der Kategorie „Spielzeug".

Bereits Ende August macht Amazon i. d. R. seine Verkäufer darauf aufmerksam, dass man für den Verkauf in der Kategorie ***Spielzeug*** zur Weihnachtszeit besondere Leistungen zu erfüllen habe.

Ab dem 19. November 2013 z. B. bis einschließlich der ersten Januarwoche 2014 durften nur noch Verkäufer im Bereich Spielzeug bei Amazon tätig werden, die folgende Kriterien erfüllten:

- Der erste Verkauf bei amazon.de musste vor dem 19. September 2013 stattgefunden haben (nicht notwendigerweise in der Kategorie „Spielzeug").
- Der Verkäufer musste im Zeitraum vom 1. September bis 31. Oktober 2013 mindestens 25 Bestellungen bearbeitet und versendet haben (nicht notwendigerweise in der Kategorie „Spielzeug").
- Die Stornorate vor Erfüllung im Zeitraum 1. Oktober bis 31. Oktober 2013 durfte nicht über 1,75 % gelegen haben.
- Die Rate verspäteter Lieferungen durfte im Zeitraum 1. Oktober bis 31. Oktober 2013 4 % nicht überschritten haben.
- Die kurzfristige Rate an Bestellmängeln durfte zum 1. November 2013 1 % nicht überstiegen haben.

Da gerade in dieser Kategorie zur Weihnachtszeit die Höchstsaison beginnt, legt Amazon sehr viel Wert darauf, dass die Kunden die Waren auch in der gewohnten Geschwindigkeit und Qualität erhalten. Deshalb wird Amazon in dieser Kategorie die Abläufe über den gesamten Weihnachtszeitraum beobachten und Ihnen im Falle eines Leistungseinbruchs (beispielsweise durch Lieferengpässe Ihres Herstellers) die Verkaufsberechtigung für diese oder alle Kategorien vorübergehend entziehen.

Wenn Sie alle Anforderungen erfüllen, wird Amazon Sie Mitte November mit folgender Mitteilung darüber informieren, dass Sie die Höchstsaison für den Abverkauf Ihrer Produkte nutzen dürfen:

> *Guten Tag,*
>
> *mit dieser E-Mail möchten wir Sie informieren, dass Sie in dieser Weihnachtssaison dank Ihrer guten Leistungen als Verkäufer für den Verkauf in der Kategorie „Spielzeug" zugelassen wurden.*
>
> *Bitte denken Sie daran, dass Sie diese guten Leistungen beibehalten müssen, um weiterhin während der Weihnachtszeit in der Kategorie „Spielzeug" verkaufen zu können.*
>
> *Vielen Dank, dass Sie bei amazon.de verkaufen.*
>
> *Freundliche Grüße*
> *Amazon Services Europe*

TIPP: Artikel, die über „Versand durch Amazon" verschickt werden, sind automatisch für diesen Zeitraum in dieser Kategorie qualifiziert, solange Ihr Verkäuferkonto generell nicht suspendiert oder geschlossen wurde!

eBay vs. Amazon

Es ist vernünftig, seine Geschäfte auf mehrere Standbeine zu stellen. Vor einigen Jahren, als ich meinen ersten Verkauf bei Amazon realisiert hatte, habe ich mir aber die Frage gestellt, wie ich mich in Zukunft aufstellen und in welche Geschäftszweige ich die meiste Energie stecken will. Hier habe ich mir die Wege ausgesucht, die mit dem gleichen Energieeinsatz den meisten Gewinn bringen. Meine Wahl fiel daher auf Amazon und unsere eigenen Webshops. Dies hat gleichzeitig das Ende der Verkaufsaktivitäten bei eBay bedeutet, da mir die Zeit fehlte, um beide Marktplätze richtig zu bedienen und zu „erforschen". Es ist aber nicht auszuschließen, dass die Nachfrage auf eBay in Zukunft auch für uns wieder attraktiv werden könnte.

Rückblickend kann ich sagen, dass ich die Entscheidung für Amazon keinesfalls bereue. Das Wachstum, die Entwicklung eigener Produkte und Produktlinien sowie der tägliche große Ausstoß an Paketen wären nicht möglich gewesen, hätte ich alleine auf eBay gesetzt.

Außerdem hätte ich das enorme Wachstum dieser einzigartigen Plattform nicht miterleben können, was ich heute mit Sicherheit sehr bedauern würde. Da ich mehrere Stunden täglich in meiner SellerCentral und auf Amazon verbringe, kenne ich die Eigenheiten der Kundschaft und des Marktplatzes bis ins kleinste Detail, sodass es richtig war, auf dieses exzellente „Pferd" zu setzen!

WAS ABER UNTERSCHEIDET AMAZON UND EBAY EIGENTLICH – BEIDES SIND DOCH AUF DEN ERSTEN BLICK „MARKTPLÄTZE"?

Kurz gesagt ist der erste Unterschied für mich auch einer der wichtigsten und dafür verantwortlich, dass Amazon heute so groß geworden ist: Es liegt in der Anwenderfreundlichkeit. Die Kunden genießen es keine komplizierten Kaufvorgänge durchführen zu müssen und immer den Überblick behalten zu können.

Während ich bei Amazon für EIN Produkt auch nur EINE Produktdetailseite habe und ALLE Händler nach den erwähnten Prinzipien dort gelistet werden, stellt es sich bei eBay so dar, dass ich für EIN Produkt GANZ VIELE Produktdetailseiten von GANZ VIELEN Händlern habe. Für mich als Kunden ist es also schwer, den besten Preis für ein und dasselbe Produkt zu finden, während ich bei Amazon alles mit einem Klick im Blick habe!

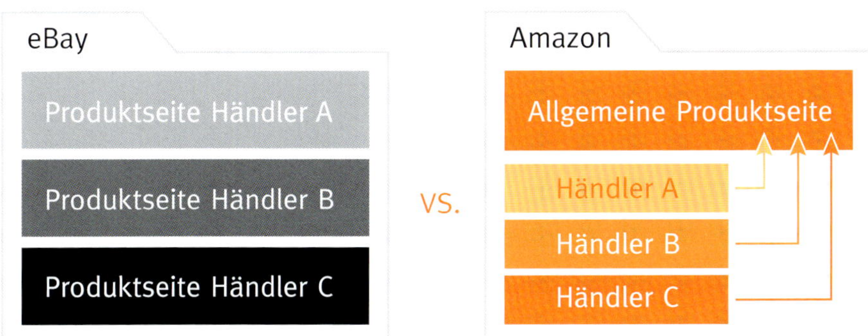

EBAY

Angefangen hat eBay mit privaten Auktionen. So haben wir eBay kennen und lieben gelernt. Hier konnte man echte Schnäppchen ergattern: etwa Neuware, wenn jemand ein ungeliebtes Geschenk oder auch seltene Sammlerstücke versteigerte. Das hat uns an eBay fasziniert.

Im Wandel der Zeit hat eBay sich auf den Wettbewerb eingestellt und ist von den Auktionen immer mehr auch auf „Sofort-Angebote" umgestiegen. Durch attraktive Konditionen für Gewerbetreibende mit bestimmtem Status will man bei eBay den Handel mehr an sich binden, um die Auswahl zu vergrößern und Kunden, die auf der Suche nach bestimmten Produkten abseits von gebrauchter Ware oder Auktionen sind, zu halten und zu gewinnen.

Irgendwann habe ich mir die Frage gestellt, warum ich eigentlich all meine Produkte bei Amazon kaufe und nicht bei eBay. Ich musste hier nicht lange überlegen, um mir meine Frage selbst beantworten zu können:

Bei Amazon suche ich nach einem Artikel, finde in der Regel sofort etwas Passendes, klicke auf einen Button und die Ware ist im Einkaufskorb. Wird sie direkt von Amazon versendet, bekomme ich sie meist am nächsten Tag geliefert und bin zufrieden. Kaufe ich eines der Produkte in meinem Warenkorb bei einem Amazon-Händler, geht die Zustellung meistens genauso schnell, denn ich weiß ja, welche Anforderungen Amazon an seine Verkäufer stellt. Bewertungen schaue ich mir hier gar nicht weiter an, denn wenn Amazon mir in der Buybox einen Verkäufer empfiehlt, vertraue ich darauf und hatte bisher auch noch nie Probleme.

Bei eBay wird es mir zu kompliziert. Suche ich zehn verschiedene Produkte, muss ich mich zehnmal durch die Fülle der oft identischen Artikel wühlen und mich dann für einen Anbieter entscheiden. Nachdem ich die Bewertungen geprüft habe schenke ich einem der Verkäufer mein Vertrauen. Jedes Produkt muss ich separat bezahlen, meist via PayPal, und erhalte alleine so schon mindestens 20 E-Mails (zehn Bestätigungen von eBay und zehn von PayPal) für einen einzigen Einkauf! Die Zeit und die Nerven, die mich das Ganze kostet, ist es mir einfach nicht wert, zumal ich in den meisten Fällen auch nicht weniger bezahle. Daher entscheide ich mich natürlich für den einfacheren Weg: Kaufen bei Amazon.

Und ich scheine diesbezüglich ähnlich zu ticken wie ein Großteil der Deutschen, denn die Zuwächse von eBay und Amazon unterscheiden sich gravierend.

VERGLEICH DER UMSATZENTWICKLUNG VON AMAZON UND EBAY GEGENÜBER DEM VORJAHR

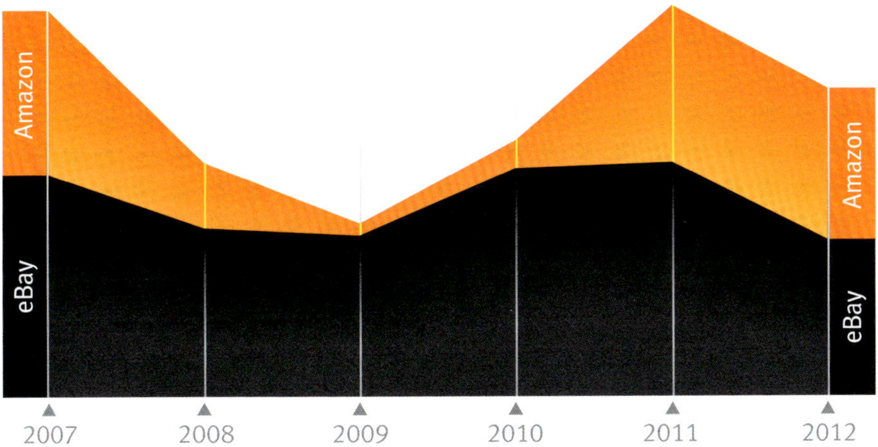

WO WÜRDEN SIE LIEBER KAUFEN?

Quelle: Umfrage unter 10.000 Online-Nutzern, siehe Seite 242.

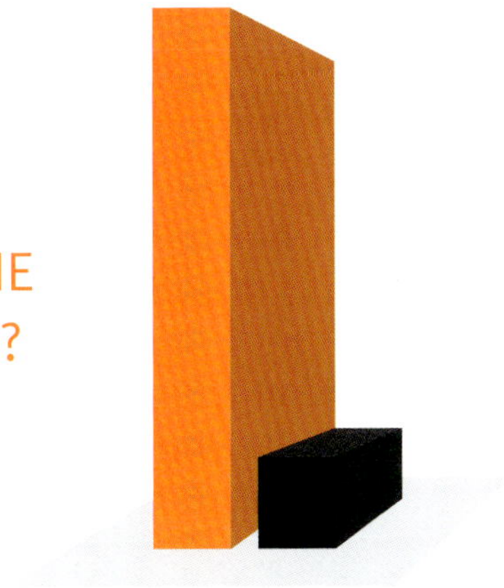

85,16 % Bei Amazon

14,44 % Bei eBay zum Sofort-Kauf

Eigener Webhop vs. Amazon

Sicherlich ist es schön, Artikel über den eigenen Webshop zu verkaufen und sich die Provisionen, die an Amazon gehen, zu sparen. Auch höre ich immer wieder: *„Ich kenne da jemanden, der hat mir versprochen, dass er mich für 2.000 Euro bei Google auf Platz 1 bringt."* Das ist alles Träumerei. Natürlich macht es Sinn, einen eigenen Webshop aufzuziehen, gerade auch, um auf mehreren Standbeinen zu stehen. Aber bitte verschließen Sie die Augen nicht vor den Risiken und Kosten. Verglichen hiermit sind die Provisionen für Amazon, die nur im Verkaufsfall fällig werden, alles andere als ein Albtraum.

EIGENER WEBSHOP

- Konzipierung und Gestaltungskosten des Webshops
- Kauf von Websoftware bzw. Programmierungskosten
- Kosten für Zahlungsabwicklung (z. B. PayPal etc.)
- Zahlungsausfälle
- Controlling-Tools
- Gütesiegel
- Mitarbeiter zur Warenpflege und Technik
- Domains und Server
- Diverse Softwarelizenzen
- Werbung (in Suchmaschinen, Preissuchmaschinen, Werbebanner, Kooperationen oder auch Printwerbungen)
- Pressearbeit

Je nach Professionalität des Shops fallen einmalige Kosten von bis zu 25.000 Euro an sowie monatliche Kosten von einigen Hundert oder Tausend Euro.

AMAZON

- Mitarbeiter für Warenpflege und Technik

Einmalig je nach Sortimentsbreite Kosten für das Einpflegen der Produkte in den Amazon-Katalog sowie Kosten für Produktfotos und Artikelbeschreibungen und, je nach der Art Ihres Verkäuferkontos, weniger als 40 Euro monatlich als Grundgebühr oder eben nichts.

Ansonsten: NICHTS.
Monatlich: NICHTS.
Sie zahlen nur bei Erfolg!

Nur das beste Team gewinnt

Wie sagt man so schön: Ein Team ist immer nur so gut wie sein schwächstes Glied. Das kann ich für den Versandhandel und Handel bei amazon.de bestätigen. Jedes Teammitglied muss auf seinem Gebiet in der Champions League spielen und jeden Tag alles für den Erfolg geben. Nur so kann ich mit Spaß und Ehrgeiz auch Geld verdienen und langfristig erfolgreich auf Amazon verkaufen. Wenn ich die Anforderungen von Amazon an „seine" Händler mit nur einem Wort beschreiben müsste, wäre es „Professionalität".

Höchste Professionalität *auf allen Ebenen ist wichtig, um dauerhaft ein seriöses und gesundes Business aufzubauen.*

IHR TEAM

Sie als Verkäufer:

Sie als Verkäufer sind der zentrale Punkt Ihres Teams. Sie sind entscheidend für den eigenen Erfolg. Sie müssen Ihr gesamtes Team zusammenhalten. Sie müssen es motivieren und kontrollieren, damit alles Hand in Hand läuft. Setzen Sie nur auf die besten Mitspieler für einen optimalen Erfolg.

Einkäufer:

Sie können nur erfolgreich verkaufen, wenn Sie auch Ware haben, für die eine große Nachfrage vorhanden ist. Und Sie können nur mit dem Verkauf Ihrer Ware Geld verdienen, wenn die Ware gut kalkuliert ist. Wenn Sie selbst keine Kontakte zu Herstellern oder kein Gespür für Produkte haben, sollten Sie sich einen Einkäufer suchen, der genau diese Aufgaben mit Bravur erfüllt. Hier liegt der Grundstein für Ihren wirtschaftlichen Erfolg und den Erfolg beim „Verkaufen auf Amazon".

Amazon:
Sind wir ehrlich, diese Plattform ist sensationell. Statt sich aber darauf auszuruhen, entwickelt Amazon sich immer weiter, erfindet sich in vielen Bereichen neu, um auch bei einer so großen Marktdominanz noch Neukunden zu gewinnen und den Umsatz mit Stammkunden auszubauen. Seien Sie sich sicher, Amazon wird immer das Beste geben, denn jeder Cent Umsatz, den Sie auf dieser Plattform machen, schwemmt diesem Unternehmen Geld in die Taschen.

Steuerberater:
Wie bereits erwähnt, ist das Thema Steuern höchst brisant. In Ihrem eigenen Interesse sollten Sie sich einen Steuerberater suchen, der Erfahrung mit dem Versandhandel und ggf. auch Auslandshandel hat. Sie brauchen einen Profi für das Thema Steuern, denn nur so können Sie beruhigt schlafen und sich auf die Zukunft mit Amazon freuen.

Bank:
Halten Sie guten und offenen Kontakt zu Ihren Banken. Gerade wenn Sie die Möglichkeit haben, tolle Produkte in großen Mengen zu kaufen, sind Sie zur Zwischenfinanzierung oftmals auf Ihre Bank angewiesen. Erklären Sie Ihrem Ansprechpartner bei der Bank Ihr Geschäft. Nicht jede Bank hat große Erfahrungen mit Onlinehändlern, daher sollten Sie Ihre Geschäftspolitik geduldig darlegen, denn nur wenn Ihr Bankberater Sie und Ihr Geschäft versteht, kann er Ihnen bieten, was Sie benötigen.

Rechtsanwalt:
Abmahnungen wird es immer wieder geben. Allerdings ist nicht jede Abmahnung gerechtfertigt. Dennoch sollten Sie auch diesbezüglich mit einen Anwalt, in Kontakt treten, der auf Wettbewerbsrecht – im Idealfall sogar auf den Verkauf bei Amazon – spezialisiert ist.

Paketdienst:
Suchen Sie nach einem Partner, nicht nur nach einem Paketdienst. Wenn Sie Ihr Amazon-Business groß aufziehen wollen, steckt im Versand eine riesige Gefahr. Holen Sie Angebote ein, aber prüfen Sie auch die Rahmenbedingungen. Manchmal ist es wertvoller, einen Partner zu haben, der spätabends Pakete direkt aus Ihrem Lager abholt, damit sie noch am selben Tag ins Depot gehen und der Kunde das Paket ohne Umwege schnell erhält, als 20 Cent zu sparen. Denn dafür müssten Sie sich vielleicht jeden Tag ärgern, wenn der Paketfahrer ihre Ware vergisst oder wenn Sie sie zu ihm hinbringen müssten.

Lagermitarbeiter:
Gute Mitarbeiter im Versandlager sind wichtig für Ihre Performance bei Amazon. Der Verkauf ist die eine Sache, die Abwicklung eine andere. Nur wenn der Kunde sein Paket mit dem richtigen Inhalt, unbeschädigt ohne zu viel überflüssigem Füllmaterial, professionell verpackt und ohne große Wartezeit erhält, ist er mit Ihnen zufrieden und wird wieder bei Ihnen kaufen.

Der Kunde erwartet die gleiche Qualität wie bei Sendungen, die direkt von Amazon kommen. Nur mit einem guten Lager, mit einem guten Lieferanten für Pappe, mit sauberer Verpackung und Füllmaterial sowie einem gut durchdachten System in der Kommission und Weiterverarbeitung können Sie langfristig erfolgreich sein. Gerade in Spitzenzeiten, wie z. B. im Weihnachtsgeschäft, können Sie ohne gute Lagerarbeiter zwar verkaufen, nicht aber Ihre Kunden glücklich machen.

Lieferant:
Auch hier ist nicht nur der Preis entscheidend. Prüfen Sie die Art der Anlieferung, die Zahlungskonditionen und -ziele. Schauen Sie sich die Ware mit der Originalverpackung vor dem Kauf genau an, um zu prüfen, ob sich die Produkte für den Versand eigenen oder nicht. Des Weiteren müssen auch Qualität und Lieferzeiten stimmen. Kalkulieren Sie hier ebenfalls Zeit für Nachbestellungen ein, um der Nachfrage zeitnah gerecht zu werden. Rechnen Sie immer mit einer Verkaufsexplosion!

Finanzamt:
Mit einem guten Steuerberater schaffen Sie die optimale Schnittstelle zwischen Ihnen und dem Finanzamt. Mehrwertsteuer, Gewerbesteuer, Umsatzsteuer und noch vieles mehr sind Ausgaben, mit denen Sie rechnen müssen. Wenn Sie hier gut vorbereitet sind, gibt es auch keine bösen Überraschungen.

Kunde:
Dieses große Team ist notwendig, um dem Kunden ein zufriedenes Lächeln ins Gesicht zu zaubern, und das sollte doch unser aller Ziel sein, denn nur so können wir zusammen mit unseren Umsätzen wachsen!

Ein Muss für jeden, der online erfolgreich verkaufen will

Um online – und gerade auch bei Amazon – erfolgreich verkaufen zu können, muss man sich vom Wettbewerb abheben. In den meisten Fällen dauert es allerdings viele Jahre, bis man den Markt und seine Besonderheiten so gut kennt, dass man sich dieses Wissen zu Nutze machen kann.

Zusammen mit anderen Experten habe ich einen Film gedreht, den ich Ihnen in Form eines kostengünstigen Amazon-Workshops anbiete. Schritt für Schritt führe ich Sie durch die Welt von Amazon, und gebe Ihnen konkrete Anleitungen und wertvolle Einblicke zum professionellen Verkaufen auf dieser Plattform.

ALLE VORTEILE AUF EINEN BLICK

- So funktioniert Amazon!
- Insidertipps – das ist wichtig beim Verkaufen auf Amazon!
- Anders sein: Exklusivität und Schutz vor Mitbewerbern!
- So verpacken und versenden Sie professionell!
- Kundenzufriedenheit erlangen!

Der komplette Weg: Vom Start bis zur Umsatzsteigerung.
Hier kann jeder etwas lernen, nicht nur Amazon-Neulinge.

Tipps zum Verpacken und Versenden

Worauf es wirklich ankommt

AF

MANAGE

SAL

TFR

MENT

ES

Aftersales

Max Musterkunde hat nun bei Ihnen bestellt, Sie haben im Idealfall gut an dem Auftrag verdient und damit ist das Thema erledigt? Nicht ganz. Der Verkauf endet nicht mit dem Verpacken der gekauften Waren und dem Verschicken an den Kunden. Das sollte Ihnen klar sein, wenn Sie erfolgreich bei Amazon verkaufen wollen.

Damit die Kunden wieder bei Ihnen und bei Amazon kaufen, müssen Sie den besten Kundenservice bieten und für alle Fragen, die nach dem Kauf auftreten, schnell und hilfsbereit zur Verfügung stehen.

- **Versandstatus der Sendung:**
  Geben Sie dem Kunden im Idealfall direkt die Paketnummer, so ersparen Sie sich Nachfragen zu Sendungen.

- **Probleme bei der Paketzustellung (z. B. Empfänger nicht angetroffen):** Hat der Fahrer keine Benachrichtigung hinterlassen, wo das Paket abgeholt werden kann, wird der Kunde bei Ihnen nachfragen. Antworten Sie schnell und höflich.

- **Rückfragen zu dem Produkt:**
  Hat der Kunde Probleme mit dem Aufbau, der Anwendung oder dem Material? Helfen Sie ihm bei Fragen stets kompetent, schnell und freundlich. So wird er das Produkt auch behalten und nicht zurücksenden.

- **Reklamationen zu dem Produkt:**
  Auch bei den besten Produkten können Probleme auftreten und der Kunde kann berechtigte Reklamationen anmelden. Seien Sie, wie Amazon selbst auch, stets kulant und versuchen Sie eine Lösung zu finden, die den Kunden zufriedenstellt.

- **Unzufriedenheit mit der Sendung:**
  Fällt ein Produkt nicht wie beschrieben aus oder ist es anders als erwartet, bemühen Sie sich mit dem Kunden um eine unkomplizierte Rückabwicklung. Seien Sie kulant. Der Kunde wird zufrieden sein und Sie gut bewerten.

- **Anforderung von Rechnungskopien:**
  Falls der Kunde seine Rechnung verloren hat und nun eine Kopie benötigt, senden Sie ihm ein Exemplar schnellstmöglich zu – am besten per E-Mail.

- **Rücksendewünsche:**
  Stellen Sie dem Kunden bereits mit der Lieferung Retourenunterlagen zur Verfügung oder bieten Sie ein Onlineportal an, bei dem er sich einen Retourenschein ausdrucken kann plus einem frankierten Rückschein für den Paketdienstleister Ihrer Wahl.

- **Fragen Sie aktiv bei Ihren Kunden nach Bewertungen:**
  Ist der Kunde zufrieden? Dann darf es auch jeder wissen! Käuferfeedbacks sind extrem wichtig und oftmals die letzte Entscheidungshilfe, ob ein Kunde bei Ihnen oder einem Mitbewerber bestellt.

K.O. in der ersten Runde

Manchen Händlern passieren die typischen Anfängerfehler, die einem das Verkaufen bei Amazon auch schon in der erste Runde wieder verderben können. Aus eigener Erfahrung kann ich sagen, dass Sie nur Produkte anbieten sollten, die Sie auch selbst auf Lager haben. Auch ich habe den Fehler gemacht und mich anfangs auf andere Menschen verlassen. Aber wie man so schön sagt: Wer sich auf andere verlässt, ist verlassen. Lernen Sie aus meinem Fehler.

Es ist Jahre her, das erste Weihnachtsgeschäft, das ich als Verkäufer bei Amazon erlebt habe. Wir verkauften Bettwäsche von Bundesligamannschaften. Im November tat sich hier noch wenig, wir hatten die Bettwäsche auf Lager und konnten sie verschicken. Anfang Dezember explodierte auf einmal das Geschäft: Jeden Tag erreichten uns massenhaft Bestellungen für Bundesligabettwäsche. Anfangs ging auch alles gut, die Pakete verließen in Unmengen unser Lager.

Dann folgte ein sensationelles Wochenende und wir wurden mit Bestellungen überflutet. Gepackt wurde samstags, sonntags und montags, doch bereits samstags kam der erste Schreck: Wir haben mehr Bettwäsche verkauft, als wir auf Lager hatten. Da der Hersteller uns eine schnelle Nachlieferung zugesagt hat, hatten wir einen Bestand von 200 Stück. Am Montagmorgen rief ich beim Lieferanten an um einige Hundert Bettwäschesets zu bestellen als mich der nächste Schreck ereilte: Verschiedene Artikel waren nicht mehr lieferbar. Okay, das waren gerade einmal 20 Bestellungen, die Kunden wurden informiert und mit einer Alternative desselben Vereins beliefert. Nun lagen bei mir aber immer noch 250 Aufträge, die ich nicht bedienen konnte. Panik und Nervosität im Lager stiegen, die Rückstände wurden jeden Tag größer.
Drei Tage später war, trotz Zusage des Lieferanten, noch immer keine Ware geliefert worden und die ersten Kunden-Mails trafen ein. Ich rief beim Lieferanten

Wer sich auf andere verlässt, ist verlassen.

an und der sagte mir tatsächlich: *„Momentan brauchen wir länger, einige Mitarbeiter sind krank und wir haben viel zu tun. Die Ware wird in den nächsten zehn Tagen rausgehen."* Zehn Tage? Das würde mein Ende bei Amazon bedeuten (und dieses Buch würde niemals zustande kommen!). Also wendete ich mich an den Geschäftsführer, der mir auch nur dieselbe Standardauskunft gab. Nach vielen Telefonaten entschlossen wir uns dazu, uns am Samstag in einen eigenen LKW zu setzen und die vier Stunden zum Lieferanten zu fahren. Dort luden wir die Ware selbst ein, fuhren bei Glatteis wieder zurück und packten den ganzen Rest des Wochenendes Pakete. Mit einer kleinen Wiedergutmachung und einem netten Brief für die Kunden konnten wir alle zufriedenstellen.

An diesem Tag habe ich mir aber eines geschworen:
So einen Stress tust du dir nie wieder an!

Und so wie in diesem Bild wird es auch Ihnen gehen, wenn Sie Ihren Lagerbestand nicht im Griff haben. Das ist das A und O oder der K.O.

Retouren – Teil des Versandhandels

Auch wenn längst nicht alle Kunden beim Empfang der Ware vor Glück schreien und auch mal Ware zurückschicken, gehören Retouren zum täglichen Geschäft und bilden eine wichtige Kalkulationsgrundlage. Retouren sind an sich nichts Schlimmes. Sie sollten die Kosten für Retourensendungen, Aufarbeitung der Ware und Kundendienst immer im Griff haben – sowohl logistisch als auch finanziell. Die Retourenquoten unterscheiden sich je nach Produktgruppe enorm, aber eines ist sicher: Sie werden Dinge erleben, die Sie so schnell nicht vergessen werden.

Vor einigen Monaten erhielten wir einen Schulrucksack der Marke Jack Wolfskin zurück mit der Begründung: *„Die Farbe gefällt meinem Sohn nicht, Artikel unbenutzt.“* Soweit kein Problem und eine absolute Routinearbeit unserer Lagermitarbeiter. Eigentlich. Aber diese Retoure wird uns allen für immer im Gedächtnis bleiben. Der Rucksack war mit Fußballaufnähern verschönert, dreckig und stank nach nasser Erde. Im Inneren befanden sich die Schulhefte der letzten Tage zusammen mit einer Brotdose, deren Inhalt wir unter dem weißen und grünen Schimmel als Apfelstücke und Käsebrot identifizieren konnten. Unter „unbenutzt“ verstehen wir etwas anderes. Da wir uns den Spaß nicht nehmen lassen wollten, schickten wir der Kundin die Schulhefte zurück – zusammen mit einer Postkarte des Lieblingsvereins des Jungen, den wir den großen Aufnähern entnehmen konnten. Unsere Worte:

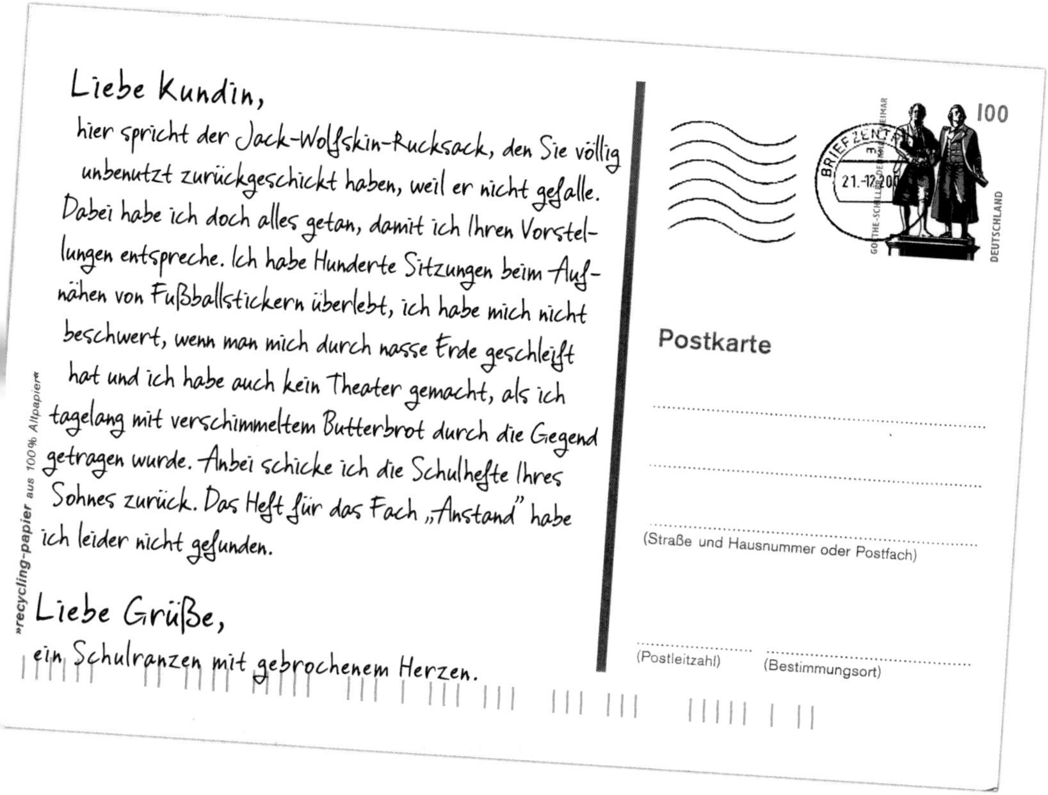

Liebe Kundin,

hier spricht der Jack-Wolfskin-Rucksack, den Sie völlig unbenutzt zurückgeschickt haben, weil er nicht gefalle. Dabei habe ich doch alles getan, damit ich Ihren Vorstellungen entspreche. Ich habe Hunderte Sitzungen beim Aufnähen von Fußballstickern überlebt, ich habe mich nicht beschwert, wenn man mich durch nasse Erde geschleift hat und ich habe auch kein Theater gemacht, als ich tagelang mit verschimmeltem Butterbrot durch die Gegend getragen wurde. Anbei schicke ich die Schulhefte Ihres Sohnes zurück. Das Heft für das Fach „Anstand" habe ich leider nicht gefunden.

Liebe Grüße,
ein Schulranzen mit gebrochenem Herzen.

100
BRIEFZENTRUM 21.12.200
GOETHE-SCHILLER-DENKMAL WEIMAR
DEUTSCHLAND

Postkarte

(Straße und Hausnummer oder Postfach)

(Postleitzahl) (Bestimmungsort)

»recycling-papier aus 100% Altpapier«

Den Betrag erstatten wir trotzdem, um einen zufriedenen Kunden und keinen Stress zu haben.

Ein weiteres Highlight in meiner Retouren-Geschichte war ein Paket mit einem Fußball. Der Fußball wurde reklamiert, da er keine Luft mehr hielt. Als wir den Ball aus dem Paket holten und ihn zur Reklamationsabwicklung an den Hersteller weiterleiten wollten, staunten wir nicht schlecht, als wir ein riesengroßes, spitzes Messer in dem Karton entdeckten. Der Kunde hat uns ein riesiges Messer zusammen mit dem Ball geschickt, beabsichtigt war es wohl nicht. Es wunderte uns daher auch wenig, als der Hersteller feststellte, dass der Ball durch einen Schnitt zerstört worden und die „Inkontinenz" daher nicht auf einen Materialfehler zurückzuführen war.

Interessant ist auch die Rücksende-Story eines Deutschland-Trikots. Neben dem Kleidungsstück war eine teure goldene Damenuhr im Paket. Zunächst überlegten wir, ob es wohl ein Geschenk für unsere Lagermitarbeiter sein sollte, die die Retouren bearbeiten, einigten uns aber schnell darauf, dass hier wohl ein Versehen vorliegen müsse. Selbstverständlich verpackten wir die Uhr sofort sachgemäß und schickten sie der Kundin zurück. Was uns ein wenig enttäuschte, war die Tatsache, dass die E-Mail der Kundin, die uns fünf Tage nach dem Vorfall erreichte, nicht etwa eine Danksagung für die ehrliche Rückgabe ihrer 10.000-Euro-Uhr war. Nein, die E-Mail beinhaltete eine Aufforderung zur Erstattung des Kaufbetrages, wo doch das Geld schon genauso lange auf dem Weg zu ihr war wie die Uhr, die sie offensichtlich schon vor einigen Tagen erhalten hat.

Schuhe, an deren Sohlen schon Kaugummis kleben, Skibrillen, die noch nass vom Schnee sind, Socken, die eher an die Käsetheke vom Supermarkt als an ein Kleidungsstück erinnern, oder Schwimmbrillen, die noch sandig sind: Das alles sind die kleinen Freuden, die wir jeden Tag erleben. Es lohnt sich nicht, sich darüber aufzuregen. Man sollte es eher als nette Abwechslung im Alltag sehen.

Rücksendungen und Erstattungen bei Amazon

Natürlich gehören Rücksendungen und somit auch Erstattungen zum täglichen Geschäft eines Versandhändlers und es kommt selbstverständlich auch vor, dass der Zustand einer Rücksendung alles andere als erstattungswürdig ist. Aber auch hier muss man einen geeigneten Weg finden, kulant und freundlich zu sein, denn ein unzufriedener Kunde hat die Möglichkeit, seinen Unmut über schlechte Händler- und Produktbewertungen kundzutun. Auf der anderen Seite muss man immer den richtigen Mittelweg finden und darf sich auch nicht alles gefallen lassen.

Wenn Sie Ihre Liste unter dem Menüpunkt › ***Bestellungen*** aufrufen und die entsprechende Transaktionsnummer eingeben, rufen Sie den Vorgang auf, den Sie gerade bearbeiten, und klicken auf › ***Betrag erstatten***.

In der folgenden Maske können Sie die Erstattung begründen und den Betrag vollständig oder teilweise (über die rechte Maske › ***Teilweise Erstattung***) eintragen.

Denken Sie immer daran:
Ein unzufriedener Kunde hat die Möglichkeit, seinen Unmut über schlechte Händler- und Produktbewertungen kundzutun.

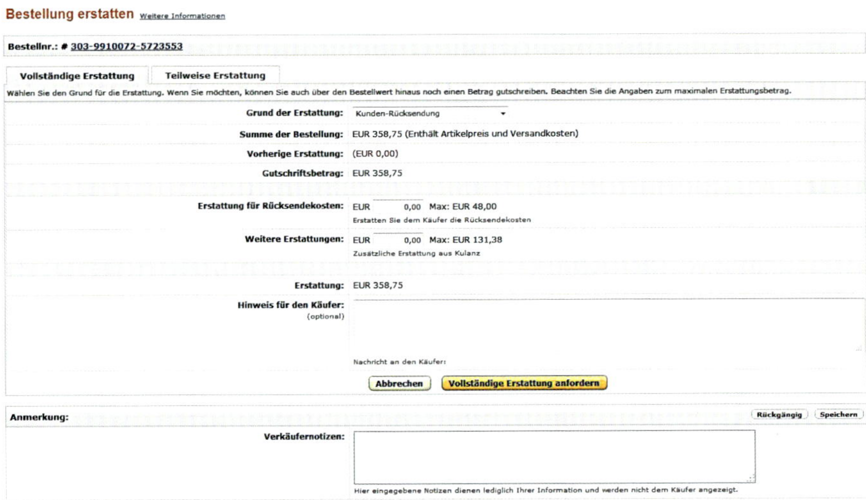

*Sie können wählen, warum Sie den Betrag erstatten. Hierfür stellt Amazon Ihnen die folgenden **Gründe** als Auswahlmöglichkeit zur Verfügung.*

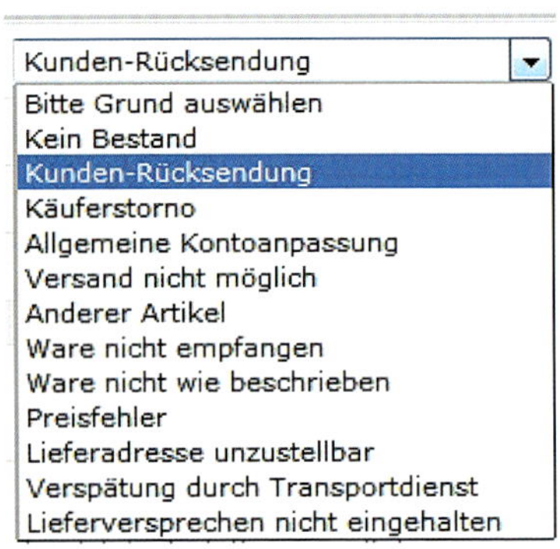

Hat der Kunde von zehn Artikeln z. B. nur zwei zurückgeschickt, erstatten Sie ihm nicht den gesamten Kaufbetrag, sondern nur den Teilbetrag für diese zwei Artikel.

Bearbeiten Sie eingehende Retouren am besten zeitnah, denn der Kunde erwartet eine schnelle Abwicklung seiner Rücksendung.

Kundenzufriedenheit in Zeiten des Internets

Das Internet ist Fluch und Segen zugleich. Dort, wo ich auf der einen Seite innerhalb weniger Stunden zum YouTube-Star werden oder mir in wenigen Wochen und Monaten ein weltweites Start-up aufbauen kann, liegt die Kehrseite der Medaille nur ein paar Klicks entfernt. Zufriedene Kunden werden Sie empfehlen, wenn es erwähnenswert ist, keine Frage. Unzufriedene Kunden aber werden es wesentlich mehr Leuten erzählen!

Ich kann den besten Fußball entwickeln, den die Welt jemals gesehen hat, eine Sensation, über dessen Qualität sich die Fachmedien einig sind. Wenn ich diesen Fußball aber bei Amazon, dem Hauptabsatzkanal, anbiete und meine ersten Käufer dem Produkt nur einen Stern geben, dann ist es ein Flop. Dabei ist es auch egal, ob die Produktbewertung lautet „Das Muster sieht aus wie eine Blume" oder „Ich mag weiße Bälle lieber". Produkte mit Bewertungen, die fast alle schlecht ausfallen, werden niemals Erfolg haben. Ohne Spaß: Ich kann einen Fußball in Unmengen verkaufen, der genauso viel kostet, aber viel schlechter ist als mein guter Ball, dafür aber Hunderte positive Bewertungen und eine tolle Platzierung hat! Einen Ball aber, der viel besser ist, jedoch negativ aufgestellt ist, werde ich nicht los. Auch das ist Amazon! Hier gelten eigene Gesetze.

Mehr dazu erfahren Sie in meinem Workshop unter www.millionärsfabrik.de

Vor einigen Monaten erzählte mir ein guter Freund nach seiner Rückkehr aus den USA eine Geschichte, die mich seitdem immer wieder fasziniert. Es ist die Geschichte von Dave Carroll, einem unzufriedenen Fluggast der United Airlines. Warum ich Ihnen das erzähle?

PASSEN SIE AUF:

Dave Carroll ist ein kanadischer Musiker der Band *Sons of Maxwell*. Den meisten wird er bis Mitte 2009 kein großer Begriff gewesen sein, eine Flugreise aber veränderte sein Leben.

Dave reiste mit seiner Band zu einem Auftritt. Der Flug verlief problemlos, allerdings musste Dave feststellen, dass das Personal von United Airlines scheinbar sehr grob mit seinem Gepäck umgegangen war. Eine seiner beiden Gitarren war beschädigt.

Soweit nichts Ungewöhnliches. Ärgerlich sicherlich, gerade für einen Musiker, dessen Handwerkszeug seine Gitarre ist, aber bis hierhin keine Geschichte, die es wert wäre, erzählt zu werden.

Dave verlangte von United Airlines eine Wiedergutmachung. Er wollte den Schaden in Höhe von rund 1.200 Dollar Reparaturkosten ersetzt haben, so, wie es ihm als geschädigter Fluggast auch zusteht.

United Airlines aber schickte ihn vom Bordpersonal um Bodenpersonal, vom Zielflughafen zum Heimatflughafen und nirgendwo wollte man sich seines Problems annehmen. Eine Hotline für diese Fälle führte zu einem Callcenter in Indien. Nach etlichen Tagen sagte man ihm, er solle seine Gitarre zur Prüfung zum Flughafen bringen, der aber 2.000 Kilometer entfernt war! Im indischen Callcenter vermittelte man einen Kontakt zu einer Sachbearbeiterin, die Dave wenige Tage später mitteilte, dass der Schaden nicht bearbeitet werden könne, da man ihn innerhalb von 24 Stunden hätte anmelden müssen. Für die Airline war der Fall damit erledigt. Für Dave jedoch noch lange nicht.

Dave Carroll wollte diese Behandlung so nicht akzeptieren und sich dagegen wehren. Doch wie sollte er gegen die große Fluggesellschaft nur ankommen? Seine einzigen Waffen waren seine Gitarre, seine Stimme und ein Song. So wurde das Lied *„United Breaks Guitars"* geboren.

„United Breaks Guitars"
Sons Of Maxwell
(YouTube)

Dave produzierte mit seinen Jungs für wenige Dollar ein Musikvideo und lud es bei YouTube hoch. Einige Stunden später sprach fast die ganze Welt von ihm und seinem Song. Viele Menschen nahmen ihn zum Vorbild, sich nicht alles gefallen zu lassen. Heute hat der Clip bei YouTube über 13 Millionen Klicks. Sein Protestsong, in dem er die Problematik mit United Airlines besingt, geht um die Welt.

Die Fluggesellschaft bot schon zu Beginn der Verbreitung 1.200 Dollar Bargeld plus 1.200 Dollar in Gutscheinen an. Dave lehnte aber ab und das Unternehmen spendete dann 3.000 Dollar an eine Jazzmusikschule. Seitdem vermeidet Dave das Fliegen mit United Airlines, soweit er kann. Dies ist aber der geringste Schaden, den die Fluggesellschaft erleiden muss.

Durch einen miserablen Umgang mit einem einzigen Fluggast hat die Airline einen großen Imageschaden über viele Länder hinweg genommen.

MIR ZEIGT DIESER SONG IMMER WIEDER:

Jeder Kunde ist wichtig! Für jedes Problem gibt es Lösungen. Egal, ob der Kunde für 5 oder für 5.000 Euro kauft, er ist wichtig. Seien Sie kulant, freundlich und kundenorientiert. Nur so überleben Sie im Dschungel „Amazon". Der Kunde steht im Mittelpunkt. Eine abgelehnte Reklamation, und seien es nur 5 Euro, über die sich streiten lässt, kann Sie Unmengen an Umsatz kosten, sogar ganze Verkäuferkonten und Produkte ruinieren!

Sie haben eine Verantwortung gegenüber Amazon und allen anderen Händlern auf dem Marktplatz. Nur zufriedene Kunden kaufen dort wieder ein!

Kundenzufriedenheit – das müssen Sie wissen

Ein Amazon-Kunde kauft in der Regel nicht nur einmal ein und verschwindet dann zu einem anderen Webshop, sondern wird bei einem weiteren Einkauf wieder bei Amazon nach einem passenden Angebot suchen. Es ist also nicht unwahrscheinlich, dass einer Ihrer Kunden, die Sie über Amazon gewonnen haben, auch zukünftig wieder ein Produkt bei Ihnen kaufen möchte. Sollte der Kunde mit Ihnen aber unzufrieden sein, wird er lieber bei einem anderen Händler kaufen. Außerdem schadet jede schlecht abgewickelte Bestellung dem Marktplatz Amazon und somit allen Verkäufern, die ihre Produkte dort anbieten.

Aus diesem Grund hat Amazon genaue Vorstellungen davon, wie die Kundenzufriedenheit bei Ihnen auszusehen hat, damit sie den hohen Anforderungen der Amazon-Kundschaft gerecht werden.

Ist der Kunde mit einer Bestellung bei Ihnen zufrieden, wird er Sie und eventuell auch Ihr Produkt positiv bewerten, er wird Amazon und auch Sie als Amazon-Händler weiterempfehlen und den Amazon-Gesamtumsatz steigern.

Ein unzufriedener Kunde wird Sie negativ bewerten, nicht mehr bei Ihnen einkaufen und auch Freunde, Bekannte, oftmals auch über soziale Netzwerke, vor einem Einkauf bei Ihnen und womöglich auch bei Amazon warnen. Sie schaden damit nicht nur sich, sondern der gesamten Amazon-Plattform.

KUNDENSTATISTIKEN:

Neben Ihren Aufträgen sollten Sie mehrmals täglich auch die Kundenstatistiken beobachten und analysieren. Die Statistiken finden Sie unter › ***Kundenzufriedenheit*** › ***Kundenzufriedenheit*** in der SellerCentral.

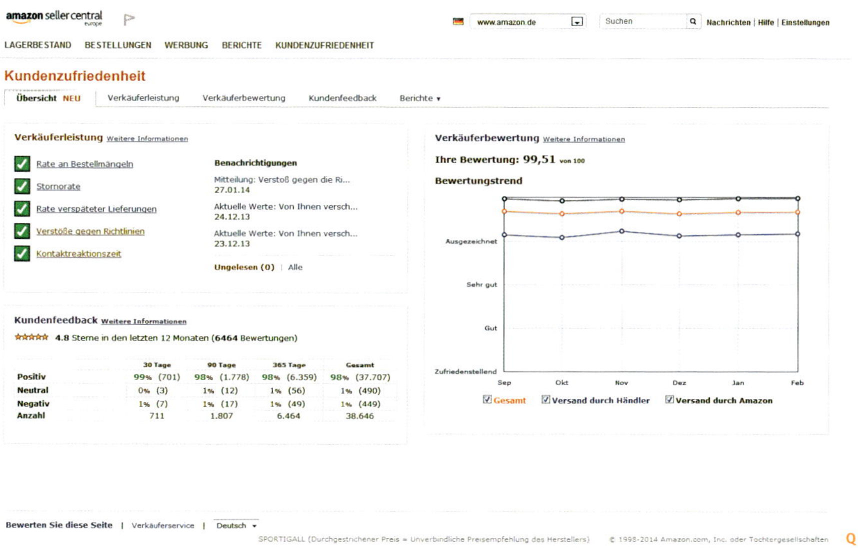

RATE AN BESTELLMÄNGELN:

Hier sehen Sie die Rate der Bestellungen, bei denen eine negative Bewertung, ein A-bis-Z-Antrag oder eine Rückbuchung gemeldet wurden, im Verhältnis zu Ihren gesamten Aufträgen.

ZIEL: UNTER 1 %.

KUNDENFEEDBACK:

Ihre Kundenfeedbacks sind Ihre Visitenkarte. Die Kunden geben nach dem Kauf eine Empfehlung ab und dokumentieren so, ob sie mit Ihnen zufrieden sind oder nicht. So können Neukunden direkt sehen, mit wem sie es zu tun haben. Tolle Bewertungen stärken das Vertrauen in Sie und der Kunde kann mit ruhigem Gewissen bei Ihnen einkaufen. Bei einer deutlich zu hohen Rate an negativem Kundenfeedback wird er vermutlich lieber bei einem anderen Händler als bei Ihnen kaufen, da ihm das Risiko zu groß ist.

Konstruktive Kritik ist viel mehr wert als jedes Lob!

REAGIEREN SIE AUF NEGATIVE BEWERTUNGEN:

Analysieren Sie die Probleme, die der Kunde bemängelt und die teilweise beim Paketdienst oder beim Hersteller liegen und nicht bei Ihnen. Ziehen Sie die richtigen Schlüsse aus negativen Bewertungen und verstellen Sie die entsprechenden Schrauben in Ihrem Verkaufsprozess, um ihn für zukünftige Kunden zu verbessern.

Sollten Sie das Problem mit einem speziellen Käufer klären können, bitten Sie ihn doch, die Bewertung zurückzunehmen. Kunden haben bei Amazon die Möglichkeit, Bewertungen innerhalb von 60 Tagen zu entfernen. Sehen Sie eine negative Bewertung also als Chance, aus einem unzufriedenen Kunden wieder einen zufriedenen zu machen, indem Sie mit ihm sachlich die Probleme besprechen und eventuelle Missverständnisse ausräumen.

Patzige oder freche Kommentare, wie es manche Mitbewerber machen, sollten Sie auf jeden Fall vermeiden, denn Sie sind ein professioneller Verkäufer!

A-BIS-Z-GARANTIEANTRÄGE:

Ist der Käufer mit einer Bestellung nicht zufrieden und kann er mit dem Händler keine Einigung herbeiführen, kann er bei Amazon einen A-bis-Z-Antrag stellen. Amazon bearbeitet diese Anträge sehr sorgfältig und unparteiisch.

Diese Garantieanträge werden erfahrungsgemäß in den folgenden Fällen eingereicht:

- Der Kunde hat keine Ware bekommen und erhält auf Nachfrage beim Verkäufer keine Antwort.
- Der Verkäufer liefert einen anderen Artikel als bestellt oder liefert den Artikel in einem Zustand, der mit dem beworbenen nicht übereinstimmt, und zeigt sich auf Nachfrage nicht kulant oder handlungsbereit.

Eine zu hohe Anzahl an A-bis-Z-Anträgen kann zur Suspendierung oder sogar Schließung Ihres Verkäuferkontos führen. Wenn Sie allerdings einen funktionierenden Ablauf vorweisen, wird es keine Gründe für eine Antragstellung geben.

RÜCKBUCHUNGEN:

Amazon haftet für Rückbuchungen (von Banken oder Kreditkarten), die außerhalb der Verantwortung des Verkäufers liegen (Zahlungsschutz). Sollte der Verkäufer jedoch verantwortlich für eine Rückbuchung sein, liegt die Haftung bei ihm.

Rückbuchungen können eintreten, wenn der Kunde keine Ware erhalten hat oder Sie bei einer Rücksendung den Kaufpreis nicht erstatten.

STORNORATE:

Die Zielvorgabe für Stornierungsraten vor dem Versand liegt unter 2,5 % aller Bestellungen, die Sie erhalten. Um diese Rate möglichst bei 0 % zu halten, sollten Sie Ihren Bestand im Griff haben und ihn täglich prüfen und abgleichen. Käuferstornierungen können Sie als solche kennzeichnen und durchführen, falls der Kunde das wünscht. Der Kunde erhält darüber eine Information. Schieben Sie also im Falle einer Stornierung niemals den Kunden als Begründung vor, wenn er diese gar nicht gewünscht hat, sonst riskieren Sie Ärger und negative Bewertungen.

ZIEL: UNTER 2,5 %.

RATE AN VERSPÄTETEN LIEFERUNGEN:

Nicht einmal 4% aller Bestellungen dürfen verspätet Ihr Lager verlassen, ansonsten wird es Ihre Verkäuferperformance negativ beeinflussen.

Organisieren Sie Ihr Lager: Sie sollten ausreichend Kapazitäten bereitstellen, um Ihre Bestellungen täglich vollständig versenden zu können. Verkaufen Sie nur Produkte, die Sie selbst auf Lager haben, und bestellen Sie sie nicht erst beim Hersteller, wenn Ihr Vorrat aufgebraucht ist. Hersteller bieten oftmals auch den Direktversand an den Kunden an. Dabei besteht allerdings die große Gefahr, dass der Versand zu lange dauert, und dies fällt dann wieder negativ auf Sie zurück. Verkaufen Sie daher nur Waren, die Sie wirklich auch auf Lager haben, es erspart Ihnen eine Menge Ärger!

ZIEL: UNTER 4%.

KONTAKTREAKTIONSZEIT:

Wenn Sie eine Frage an Amazon haben, erwarten Sie eine schnelle Antwort und Hilfe. Genauso geht es Ihren Kunden. Beantworten Sie Kundenanfragen immer zeitnah, spätestens aber innerhalb von 24 Stunden! Sie sehen bei Ihren Statistiken die genauen Werte, die Ihr Kundenservice in Bezug auf Kundenanfragen erreicht.

WICHTIG: Auch am Wochenende und an Feiertagen muss ein Kundenservice gewährleistet sein. Amazon und Ihre Kunden machen diesbezüglich keinen Unterschied, denn Sie sind eine schnelle Antwort gewohnt!

ZIEL: E-Mails zeitnah, spätestens aber innerhalb von 24 Stunden beantworten.

Alle E-Mails müssen beantwortet werden! Sollte es Nachrichten geben, die keine Antwort benötigen, müssen Sie diese als › ***erfordert keine Antwort*** in der SellerCentral kennzeichnen, sonst wirken sie sich negativ auf Ihre Statistiken aus.

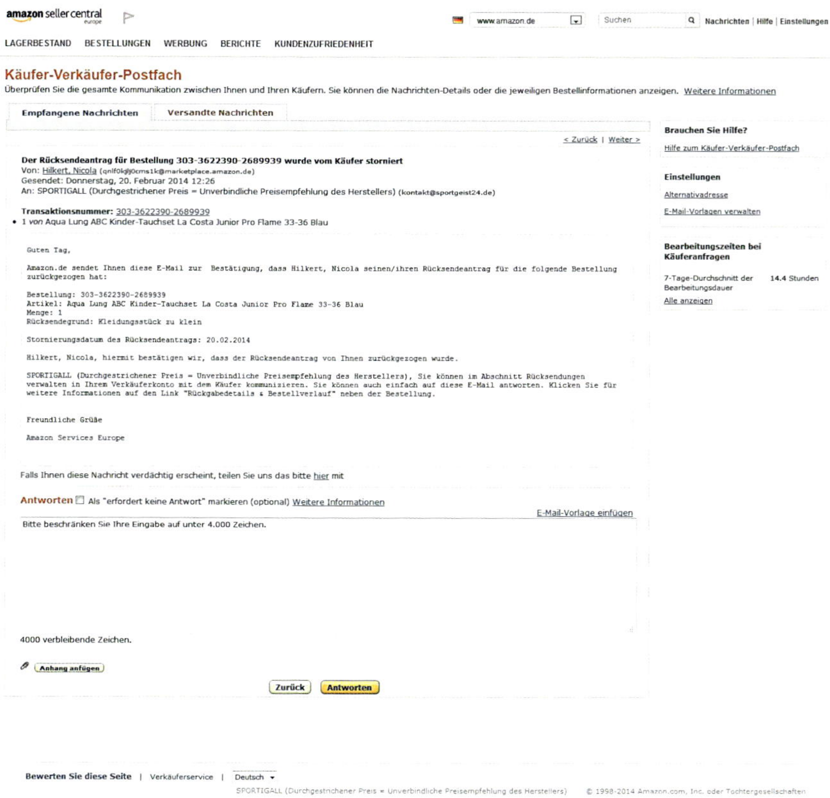

Prüfen Sie am besten täglich Ihre Reaktionszeiten in Ihren Kundenstatistiken, um zu sehen, wie Ihre Antwortzeiten ausfallen.

› Kundenzufriedenheit › Verkäuferleistung › Bearbeitungszeit für Käufer-Verkäufer-Kontakte › Sie haben 10 Nachrichten aus den letzten 7 Tagen, die noch unbeantwortet sind.

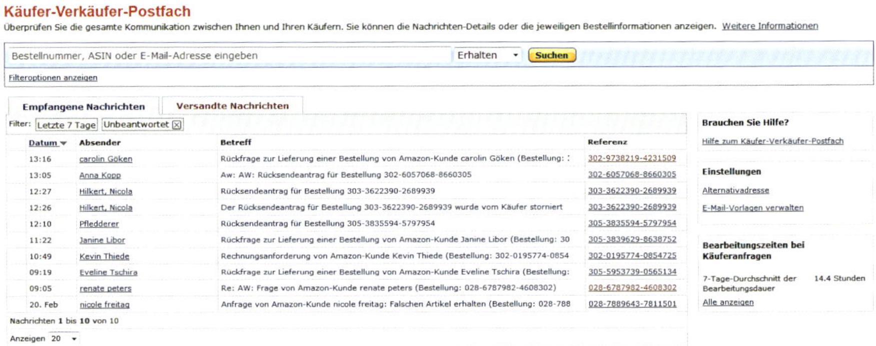

Sehen Sie auch regelmäßig in Ihrem Spam-Ordner nach, ob dort ggf. E-Mails von Ihren Kunden eingegangen sind.

Amazon verschlüsselt die E-Mail-Adressen Ihrer Kunden. Dies wurde eingeführt, um zu verhindern, dass Sie Ihren Kunden anbieten, außerhalb von Amazon günstiger zu kaufen und um auch über Ihre SellerCentral Ihre Antworten und Antwortzeiten verfolgen zu können. Jede E-Mail, egal von welchem Computer und wo aus auf der Welt diese geschrieben wurde, läuft gesammelt in der SellerCentral auf und kann von überall und jederzeit wiedergefunden werden.

Kundenstatistiken

Nutzen Sie die Berichte auf dieser Seite, um einen Überblick über Ihre Leistungen im Bereich Kundenzufriedenheit zu erhalten. Siehe Details

Performance-Ampel				
Rate an Bestellmängeln	Stornorate	Rate verspäteter Lieferungen	Verstöße gegen Richtlinien	Kontaktreaktionszeit
✓	✓	✓	✓	⚠
Siehe Details	Siehe Details	Siehe Details	Siehe Details	Siehe Details

Rate an Bestellmängeln [?]

	Kurzfristig (16.08.2013 bis 15.10.2013) Bestellungen: 17.957	**Langfristig** (02.07.2013 bis 30.09.2013) Bestellungen: 38.823	**Ziel**
Rate an Bestellmängeln	**0,04%** (8/17.957)	**0,05%** (20/38.823)	**< 1%**
- Rate an negativem Feedback [?]	0,02% (4)	0,02% (9)	--
- Rate der geltend gemachten A-bis-Z-Ansprüche [?]	0,01% (2)	0,01% (4)	--
- Servicerückerstattungsrate [?]	0,01% (2)	0,02% (7)	--

Aktuelle Kundenstatistikdaten

	7 Tage (23.10.2013 bis 30.10.2013) Bestellungen: 1.734	**30 Tage** (30.09.2013 bis 30.10.2013) Bestellungen: 7.235	**90 Tage** (01.08.2013 bis 30.10.2013) Bestellungen: 29.190	**Ziel**
Stornorate vor Erfüllung [?]	0% (0)	0% (0)	0% (1)	< 2.5%
Rate verspäteter Lieferungen [?]	0% (0)	0% (0)	0% (0)	< 4%
Erstattungsrate [?]	0,4% (7)	1,84% (133)	3,14% (916)	--

Bearbeitungszeit für Käufer-Verkäufer-Kontakte Weitere Informationen

	7 Tage (25.10.2013 bis 01.11.2013)	**30 Tage** (02.10.2013 bis 01.11.2013)	**90 Tage** (03.08.2013 bis 01.11.2013)	**Ziel**
Bearbeitungszeit unter 24 Stunden	86% (100)	96% (580)	97% (2097)	> 90%
Verspätete Antworten	**14% (16)** ⚠	4% (25)	3% (66)	≤ 10%
Seit mehr als 24 Std unbeantwortet	1	1	1	--
Bearbeitungszeit über 24 Stunden	15	24	65	--
Durchschnittliche Bearbeitungszeit	13 Stunden 10 Minuten	10 Stunden 57 Minuten	10 Stunden 5 Minuten	--

Sie haben 2 Nachrichten aus den letzten 7 Tagen, die noch unbeantwortet sind.

TIPP: Hilfe im Umgang mit Ihren Kunden bekommen Sie im Workshop unter ***www.millionärsfabrik.de***

WIE REAGIERT AMAZON, WENN ETWAS SCHIEFLÄUFT?

Amazon ist stets bemüht, seinen hohen Standard zu halten und bei Problemen eine schnelle Lösung zu finden. Bei erheblichen Schwierigkeiten wird Amazon entsprechende Maßnahmen ergreifen.

	ÜBERPRÜFUNG	SUSPENDIERUNG	SCHLIESSUNG
PROBLEM	Sie als Verkäufer haben zunehmend Schwierigkeiten, die geforderten Leistungen einzuhalten. Der Anstieg der Bestellmängelrate ist ein häufiges Problem.	Anhaltende Probleme, auch nach Überprüfung und „Verwarnung", oder Verstöße gegen Richtlinien.	Verstoßen Sie massiv gegen Richtlinien oder geben Sie Amazon keine Rückmeldung zu den Maßnahmen gegen Probleme bei einer Suspendierung, wird Ihr Verkäuferkonto geschlossen.
FOLGEN	Ein bestimmter Prozentsatz des Guthabens wird temporär verzögert ausgezahlt. Amazon will sich damit auch absichern, ggf. noch anfallende Erstattungen bei Kundenproblemen durch Ihr Guthaben regulieren zu können.	Während der Suspendierung wird das Guthaben vollständig zurückbehalten und nicht an Sie ausgezahlt. **Während einer Suspendierung können Sie keine Verkäufe mehr tätigen, aber offene Bestellungen ordnungsgemäß abwickeln.**	Ihr Guthaben wird für 90 Tage zurückbehalten. **Sie können keine Verkäufe mehr tätigen, müssen aber offene Bestellungen ordnungsgemäß abwickeln.**
LÖSUNG	Machen Sie sich intensive Gedanken, wie Sie Ihre Werte dauerhaft verbessern können, und seien Sie dabei ehrlich zu sich selbst! Eventuell sind Sie personell zu knapp besetzt.	Entwickeln Sie einen Maßnahmenplan und legen Sie Ihre Pläne dar, wie Sie die Werte und Probleme in den Griff bekommen wollen – und zwar dauerhaft!	**Eine Schließung des Verkäuferkontos ist i. d. R. dauerhaft und nicht mehr zu diskutieren!**

Feedback – die Philosophie der Sterne

Bei Amazon werden Sie und Ihre Produkte nicht nach Schulnoten beurteilt, sondern in Sternen. Ihre Kunden können Ihnen und Ihren Produkten 1 bis 5 Sterne geben und Ihre Leistung oder die Qualität Ihres Produktes so transparent und für jeden Amazon-Kunden verständlich bewerten. Zusätzlich kann man bei der Beurteilung einen kurzen Kommentar abgeben.

Darüber hinaus hat Amazon sich ein Bewertungssystem patentieren lassen, bei dem Amazon-Nutzer mit einem Klick angeben können, ob sie eine Produktrezension hilfreich finden oder eben nicht.

Kundenbewertungen

Kundenzufriedenheit ist für Amazon extrem wichtig. Ihre Kunden haben daher nicht nur die Möglichkeit, die Produkte, die sie bei Ihnen gekauft haben, zu beurteilen, sondern auch Sie als Verkäufer und die damit verbundene Leistung. Diese Bewertung erfolgt in Form eines Punktesystems, wobei 5 Sterne die Bestnote und 1 Stern die schlechteste Note darstellt.

Unter › ***Kundenzufriedenheit*** › ***Feedback*** finden Sie die Übersicht über Ihre Kundenbewertungen!

Bewertungsstatistik: ☆☆☆☆☆ 4.8 Sterne in den letzten 12 Monaten (**6464** Bewertungen)

	30 Tage	90 Tage	365 Tage	Gesamt
Positiv	99% (701)	98% (1.778)	98% (6.359)	98% (37.707)
Neutral	0% (3)	1% (12)	1% (56)	1% (490)
Negativ	1% (7)	1% (17)	1% (49)	1% (449)
Anzahl	711	1.807	6.464	38.646

Diese Tabelle zeigt die entsprechenden Feedback-Prozentwerte und die Feedback-Anzahl. Sehen Sie, wie Ihr Feedback für Käufer bei Amazon angezeigt wird.

Aufgrund von Rundungsdifferenzen kann es vorkommen, dass die addierten Werte nicht 100% ergeben.

Datum	Bewertung	Kommentar	Rechtzeitig zugestellt	Artikel wie beschrieben	Kundenservice	Transaktionsnummer	E-Mail des Bewertenden	Rolle des Bewertenden
17.02.14	2	Ware bis heute nicht eingetroffen, Lieferzeit viele zu lange ANTWORTEN KLÄRUNGSBEDARF	Nein	-	-	305-5953739-0565134	jv6fkgwkv12fpfx@marketplace.amazon.de	Käufer

Bestellnr.: # 305-5953739-0565134 — Packzettel drucken

Bestellnummer des Verkäufers: # nicht gespeichert — Ändern

Versandadresse
[redacted]

Kaufdatum:	10. Februar 2014 10:51:19 GMT+01:00
Versand voraussichtlich am:	11.02.2014 bis 12.02.2014
Geschätztes Lieferdatum:	12.02.2014 bis 15.02.2014
Versandart:	Standard
Kontaktieren Sie diesen Käufer:	[redacted] | Alle 2 Bestellungen von diesem Käufer anzeigen
Vertriebskanal:	Amazon.de
Versand durch:	Verkäufer

Gesamtbeträge der Bestellung

Summe Artikel:	EUR 19,99
Endsumme:	**EUR 19,99**

Produktdetails	Status	Bestellmenge	Versandte Menge	Preis	Gesamt	
SOXEGO Socken Comfort Pro / ideal für Diabetiker geeignet - 10-Paar-Pack - Weiss...	Versandt	1	1	EUR 19,99	Zwischensumme:	EUR 19,99
					Summe:	**EUR 19,99**

Menge: 1
SKU: 9889-W-4142
ASIN: B00G32GY4K
Angebotsnummer: 1022NQIRAUX
Auftrags-Artikelnr.: 31085152532491
Zustand: Neu

Dem Kunden belastete Summe: **EUR 19,99**

Bestellung erstatten

Paket 1 – Geliefert 11. Februar 2014 — Paketpackzettel drucken | Lieferung bearbeiten

Produktdetails	Artikelmenge inklusive
SOXEGO Socken Comfort Pro / ideal für Diabetiker geeignet - 10-Paar-Pack - Weiss...	1

Menge: 1
SKU: 9889-W-4142
ASIN: B00G32GY4K
Angebotsnummer: 1022NQIRAUX
Auftrags-Artikelnr.: 31085152532491
Zustand: Neu

Versanddetails

Versanddatum: 11.02.2014 **Transportdienst:** Keine eingegeben **Versandart:** Keine eingegeben **Transportdienstkennung:** Keine eingegeben

Anmerkung: — Rückgängig | Speichern

Verkäufernotizen:

Hier eingegebene Notizen dienen lediglich Ihrer Information und werden nicht dem Käufer angezeigt.

Erhaltene Bewertungen — Auf Feedback antworten

Bewertung	Anmerkungen	Datum
2 von 5	Ware bis heute nicht eingetroffen, Lieferzeit viele zu lange	17.02.2014 15:06:21

Bewerten Sie diese Seite | Verkäuferservice | Deutsch

SPORTIGALL (Durchgestrichener Preis = Unverbindliche Preisempfehlung des Herstellers) © 1998-2014 Amazon.com, Inc. oder Tochtergesellschaften

Auf Feedback antworten

Feedback von Eveline Tschira:

Datum	Bewertung	Kommentar	Rechtzeitig zugestellt	Beschriebener Artikel	Kundenservice	Transaktionsnummer	E-Mail des Bewertenden	Rolle des Bewertenden
17.02.14	2	Ware bis heute nicht eingetroffen, Lieferzeit viele zu lange	-	-	-	305-5953739-0565134	jv6fkgwkv12fpfx@marketplace.amazon.de	Käufer

Geben Sie die Antwort ein:

Abbrechen | Absenden

Durch Klicken auf **Absenden** bestätigen Sie, dass Sie den Abschnitt "Wichtige Hinweise zu Verkäuferantworten" unten gelesen und zur Kenntnis genommen haben.

Wichtige Hinweise zu Verkäuferantworten:

- Das Übersenden einer Antwort hat keine Auswirkungen auf die Höhe Ihrer Feedback-Punkte.
- Nach der Übermittlung können Antworten entfernt, nicht jedoch geändert werden.
- Diese Antwort soll nicht der Kommunikation mit dem Käufer dienen. Lösen Sie einen möglichen Konflikt per E-Mail.
- Wird das Feedback des Käufers zukünftig unterdrückt, wird diese Antwort ebenfalls unterdrückt.
- Mithilfe dieser Antwort soll die Gesamtleistung von Amazon verbessert werden.

Nun kann es aber durchaus vorkommen, dass Sie eine negative Bewertung lesen und sich denken: *„Na toll, die wurden doch von Amazon verschickt, in diesem Fall habe ich doch gar keine Schuld, wenn etwas nicht klappt."*

Das ist richtig und das sieht Amazon genauso. In einer solchen Situation melden Sie die Bewertung bitte, indem Sie die betroffene Transaktionsnummer kopieren und ganz unten auf der Seite auf › ***Verkäuferservice*** klicken. Hier wählen Sie dann links › ***Bestellungen*** und › ***Fragen zu Kundenbewertungen*** aus. Nun geben Sie die Bestellnummer ein und klicken auf › ***überprüfen***. Wählen Sie › ***Fulfillment by Amazon (FBA) Feedback*** als Grund aus und fordern Sie durch › ***Nachricht senden*** eine Überprüfung dieser Kundenbewertung an.

Nach der Überprüfung geht die Bewertung nicht mehr in Ihr Ranking ein und wird wie folgt von Amazon gekennzeichnet:

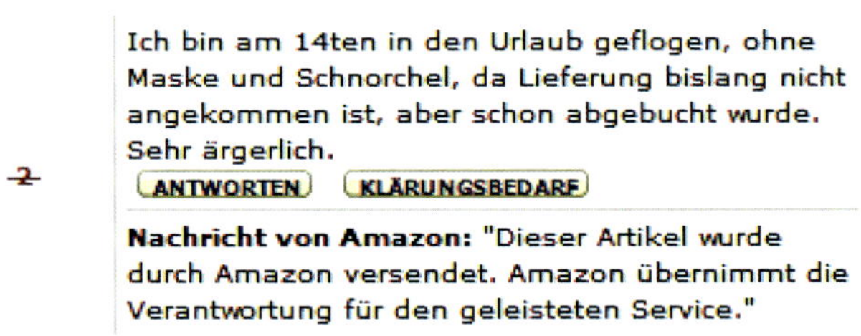

Bitte prüfen Sie, ob die angegebene Bestellnummer korrekt ist, bevor Sie um das Entfernen einer Bewertung bitten.

Bestellnummer * 304-6020114-5341960 **überprüfen**

Felder mit einem * sind Pflichtangaben.

Feedback vom Kunden

Bewertung: 5/5	
Haben Sie Ihre Bestellung pünktlich erhalten?	Ja
Hat der Zustand des Artikels mit der Beschreibung des Verkäufers übereingestimmt?	Ja
Falls Sie diesen Verkäufer kontaktiert haben: Wurden Sie zügig und freundlich bedient?	Ja

Kommentar
Alles Super

Bitte geben Sie an, aus welchem Grund Sie eine Entferung der Bewertung beantragen möchten.

- [ ] **Sprache.** Die Bewertung enthält obszöne Ausdrücke.
- [ ] **Persönliche Informationen.** Die Bewertung enthält persönliche Daten und Informationen über den Verkäufer, z.B. E-Mail-Adresse, vollständiger Name, Telefonnummern.
- [ ] **Produktfeedback.** Das gesamte Feedback ist eine Produktrezension
- [x] **Fulfillment by Amazon (FBA) Feedback.** Das gesamte Feedback bezieht sich auf Erfüllung oder Kundenservice für eine Bestellung, die von Amazon erfüllt wurde
- [ ] **Medizinischer Fragebogen.** Das Feedback bezieht sich auf einen medizinischen Fragebogen, den Käufer ausfüllen müssen, bevor der Verkäufer die Bestellung versenden kann.
- [ ] **Sonstiges**

Falls Sie eine andere Frage haben, beschreiben Sie bitte Ihr Anliegen.

Welcher Teil dieses Feedbacks rechtfertigt eine Entfernung?

Zusätzliche Informationen

Bitte geben Sie alle relevanten Daten an und übermitteln Sie uns so viele Informationen wie möglich. Geben Sie aber bitte keine Kreditkarten- oder Bankdaten, oder andere vertrauliche Informationen an.

kt aufnehmen?

Kontakt per: (•) E-Mail

E-Mailadresse: kontakt@sportgeist24.de

CC: Optionale CC-Empfanger (Trennen Sie die E-Mail-Adressen mit Kommas.)

Um sicherzustellen, dass Sie Nachrichten von Amazon erhalten, richten Sie bitte Ihre Spamfilter entsprechend ein.

Nachricht senden

Produktbewertungen

Das Tolle an Amazon ist, dass man eine ehrliche Meinung zu einem Artikel in Form von Produktbewertungen abgeben kann. Diese Möglichkeit nutzen tatsächlich viele Kunden. Dabei wollen sie mir nichts verkaufen – im Gegensatz zu dem Verkäufer im stationären Handel, der mir nur das anbieten kann, was er vorrätig hat, und der deshalb seinen Warenbestand anpreisen muss. Das Kundenurteil ist somit meist neutral und aussagekräftig.

Die Produktbewertungen werden ebenfalls nach dem 5-Sterne-System vergeben. Der Kunde kann damit seine Meinung zu einem Produkt in die ganze Welt schicken. Die durchschnittliche Anzahl an Bewertungssternen sowie die Gesamtanzahl der Bewertungen sehen wir direkt unter dem Produktnamen:

Wenn Ihr Kunde nun auf die Sterne oder die Anzahl der Kundenbewertungen klickt, springt er an das Ende der Produktdetailseite und sieht nähere Einzelheiten zu den Produktbewertungen. Die unterschiedlichen Meinungen der Kunden ergeben eine Gesamtbewertung, in diesem Fall 4,0 von 5 Sternen, ein guter Durchschnitt, der Kunden zum Kauf anregen wird.

Kundenrezensionen

Neben den Bewertungen können die Kunden auch einen kurzen oder langen Text eintragen, um ihre Bewertung zu begründen. Diese Erläuterungen sind unheimlich hilfreich, um eigene Produkte weiterzuentwickeln. Oftmals werden hier aber auch Bewertungen wie *„ging nach einer Woche kaputt – 1 Stern"* abgegeben. In diesem Fall rate ich Ihnen dazu, mit dem Käufer in Kontakt zu treten, um die Reklamation in seinem Sinne abzuwickeln.

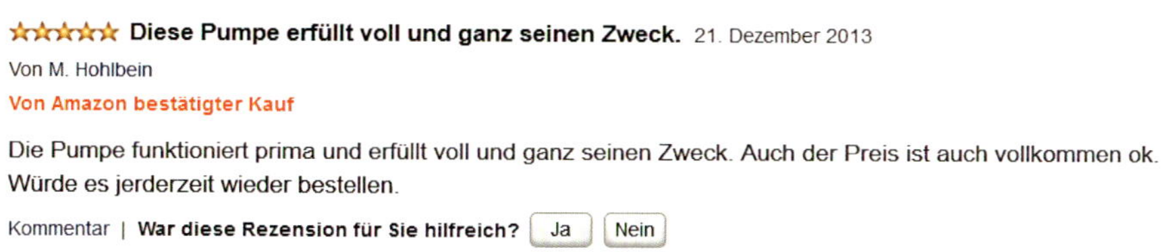

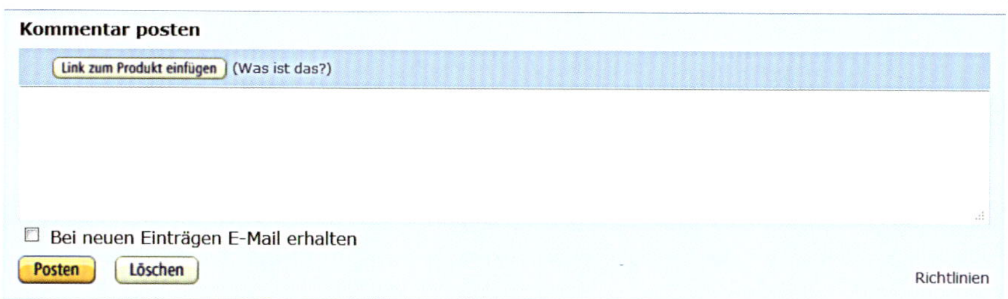

Tipps und Hilfestellungen zum Umgang mit Kundenreklamationen finden Sie im Workshop unter **www.millionärsfabrik.de**

Feedback kommentieren und interpretieren

Kunden können Sie bei Amazon direkt bewerten. Auch wenn Sie professionell aufgestellt sind und alle Pakete mit der richtigen Ware rechtzeitig versenden, wird es immer wieder negative Bewertungen geben. Dies kann die verschiedensten Gründe haben. Das Gute bei Amazon ist aber, dass auch negative Bewertungen nicht in Stein gemeißelt sind. Gehen Sie aktiv auf Ihre Kunden zu und klären Sie mit ihm, weshalb er unzufrieden ist und bieten Sie ihm Lösungen an, um ihn zufrieden zu stellen. Vielleicht ist der Kunde dann auch gewillt, die schlechte Bewertung wieder zurückzunehmen. Oftmals basieren schlechte Bewertungen auf Missverständnissen, die Sie schnell aus der Welt schaffen können. In jedem Fall aber sollten Sie negative Bewertungen immer als Ansporn sehen, laufend besser zu werden.

Sollte sich die negative Bewertung auf ein Produkt beziehen, aber als Verkäuferfeedback abgegeben worden sein, können Sie diese Bewertung vom Verkäuferservice entfernen lassen. Dasselbe gilt, wenn Amazon durch den „Versand durch Amazon"-Service für die negative Bewertung verantwortlich ist oder aber der Kunde beleidigend wird.

Außerdem haben Sie die Möglichkeit, eine Bewertung zu kommentieren. Unter der Kundenbewertung, die alle zukünftigen Kunden einsehen können, wird Ihr Kommentar angezeigt. Die Worte in dieser Stellungnahme sollten wohl bedacht sein. Ich möchte Ihnen gerne einmal anhand eines Beispiels eines Mitbewerbers bei Amazon zeigen, wie man es nicht machen sollte.

Kunde:
Hallo, der Verkäufer hat mir aufgrund meiner Beschwerde über seine unzutreffende Bezeichnung als „TRESOR" soeben mitgeteilt: Dass beim „normalen Öffnen" der Deckel aus der Halterung springt, ist ja durchaus der Wunsch der Benutzer. Und natürlich ist es leicht, diese Plastikbox aufzubrechen. Es ist übrigens auch leicht, ein einfaches Fahrradschloss zu knacken. Keine Erstattung der Rücksendekosten.

Antwort des Verkäufers:
Wir können nichts dafür, dass der Käufer meinte, für 20 Euro einen einbruchsicheren „Tresor" für seinen Fahrradgepäckträger erworben zu haben.

Kunde:
Das Set wurde zwar geliefert, nur leider das falsche! 2-mal neu bestellt (das Angebot war immer noch eingestellt und angeblich verfügbar), 2-mal Rechnung bekommen, 2-mal wurde die Bestellung danach storniert. Dieser Händler ist mit Vorsicht zu genießen! Stellt gerne Angebote ein, obwohl sie die Ware gar nicht auf Lager haben. Was bleibt, ist ein verärgerter Kunde!

Antwort des Verkäufers:
Ja, wir stellen „gerne" Angebote ein, weil wir die Ware immer da haben. Da wir aber Menschen beschäftigen, kommen halt auch mal Fehler vor. Mit Vorsicht sind eher solche uneinsichtigen Käufer zu genießen.

Solche Antworten sind ein absolutes Unding. Nicht nur, dass man sich als Verkäufer hier absolut unprofessionell verhält, sondern man verärgert auch noch einen Kunden. Einmal veröffentlicht werden sich einige andere Käufer sicher auch überlegen, ob sie bei so einem Händler kaufen oder nicht.

Zum richtigen Umgang mit „Problemfällen" in Sachen Reklamationen und Beschwerden geben wir Ihnen hilfreiche Tipps im Workshop auf ***www.millionärsfabrik.de***

Die Auszahlung

Die Auszahlung Ihrer Umsatzerlöse (abzüglich der Provisionen und Kosten, die Amazon Ihnen berechnet) erhalten Sie in einem 14-Tage-Rhythmums auf Ihr angegebenes Bankkonto.

Anfangssaldo	01	Nicht verfügbarer Saldo des vorherigen Abrechnungszeitraums	0,00 €
		Gesamtsumme	0,00 €
Bestellungen	02	Artikelpreis	187.299,29 €
	03	Aktionsrabatt	0,00 €
	04	Amazon-Gebühren	-44.875,87 €
	05	Andere (Gutschrift für Versandkosten & Geschenkverpackung)	6.777,08 €
		Gesamtsumme	149.200,50 €
Erstattungen	06	Artikelpreis	-9.748,63 €
	07	Amazon-Gebühren	1.295,45 €
	08	Andere	-417,25 €
		Gesamtsumme	-8.870,43 €
Rückbuchungen	09	Artikelpreis	-149,00 €
	10	Amazon-Gebühren	18,48 €
	11	Andere	-4,98 €
		Gesamtsumme	-135,50 €
Verkaufsgebühren	12	Abo-Gebühr	-39,00 €
	13	Gebühren für Versand durch Amazon	-211,60 €
		Gesamtsumme	-250,60 €
Andere Transaktionen	14	Andere	434,84 €
		Gesamtsumme	434,84 €
Schlussbilanz	15	Gesamtsaldo	140.378,81 €
Überweisungsbetrag veranlasst am 02.02.2014*			**140.378,81 €**

LEGENDE

01 **Nicht verfügbarer Saldo des vorherigen Abrechnungszeitraums:** Amazon behält ggf. einen Betrag zur Sicherheit ein. Dieser Betrag wird hier aus dem letzten Abrechnungszeitraum in den neuen übertragen.

02 **Artikelpreis:** Nur Produktverkäufe und keine Lieferungs-, Geschenkverpackungs- oder andere Beträge.

03 **Aktionsrabatt:** Aus Rabattaktionen für bestimmte Werbeaktionen.

04 **Amazon-Gebühren:** Bestellgebühren für Produkte und Liefergebühren sowie Gebühren für Dienste wie Versand durch Amazon.

05 **Andere (Gutschrift für Versandkosten und Geschenkverpackung):** Der Betrag, den der Käufer für Versand und Geschenkverpackung bezahlt hat.

06 **Artikelpreis:** Nur Erstattungen für Produktverkäufe.

07 **Amazon-Gebühren:** Zurückerstattete Amazon-Gebühren.

08 **Andere:** Erstattungen z. B. für Lieferung und Geschenkverpackung.

09 **Artikelpreis:** Rückbuchungen aus Produktverkäufen.

10 **Amazon-Gebühren:** z. B. erstattete Gebühren durch Rückbuchungen.

11 **Andere:** Erstattungen für Produkte, z. B. für Lieferung, Geschenkverpackung und Konzessionen.

12 **Abo-Gebühr:** Monatliche Abo-Gebühr, je nach Verkaufstarif.

13 **Gebühren für Versand durch Amazon:** Dies schließt Gebühren ein, die nicht im Zusammenhang mit Bestellungen stehen, beispielsweise für die Aufbewahrung von Lagerbestand in einem Amazon-Versandzentrum, Remissionsaufträge sowie Erstattungen und andere Saldo-Anpassungen.

14 **Andere:** Darin enthalten sind die verschiedenen Soll- und Habenbeträge, die von Amazon verbucht wurden, z. B. Erstattungen, die sich nicht auf Bestellungen beziehen, oder Gebühren für den Versand durch Amazon.

15 **Gesamtsaldo:** Diese Summe wird berechnet aus anfänglichem Saldo und allen Bewegungen innerhalb des Abrechnungszeitraums.

Auswertungen interpretieren

Den Verkauf durch neue Produkte und besondere Aktionen zu optimieren sollte immer Ihr Ziel sein, denn die Möglichkeiten sind schlichtweg unbegrenzt. Sie sollten aber auch aus den getätigten Geschäften wichtige Schlüsse für die Zukunft ziehen und die hochwertigen Auswertungen und Berichte, die Amazon Ihnen zur Verfügung stellt, ebenfalls nutzen, um Ihren Verkauf zu optimieren.

KENNZAHLENMONITOR VERKÄUFE

› ***Berichte*** › ***Statistiken und Berichte***

Ein hilfreiches Tool erwartet Sie gleich zu Beginn, wenn Sie › ***Statistiken und Berichte*** aufrufen. Der Kennzahlenmonitor zeigt Ihnen Ihre aktuellen Verkäufe. Sie haben hier die Möglichkeit, Ihre aktuellen Tagesverkäufe mit den Werten vom Vortag, von der Vorwoche oder vom Vorjahr zu vergleichen. Genauso können Sie prüfen, wie sich der eigene Versand und der › ***Versand durch Amazon*** bei Ihnen entwickelt hat. Interessant ist es auch, am Monatsende die erreichten Werte mit denen des Vorjahres zu vergleichen. Wahlweise grafisch oder in Tabellenform. Aktuelle Informationen über Durchschnittswerte von Bestellpositionen pro Kauf und über den Durchschnittsumsatz pro Kauf machen dieses Tool sehr wertvoll.

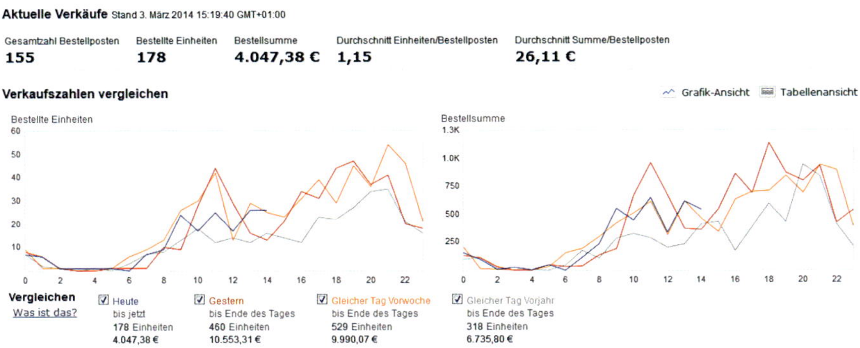

BERICHTE ZU IHREN VERKÄUFEN

› *Berichte* › *Statistiken und Berichte*

Hier können Sie in der linken Spalte diverse Berichte, die Ihren Umsatz betreffen, auswählen.

Entweder nach Datum (Verkäufe und Traffic, Detailseite Verkäufe und Traffic oder Kundenzufriedenheit) oder nach ASIN (Detailseite Verkäufe und Traffic; Detailseite Verkäufe und Traffic – nach übergeordnetem Produkt (parent) oder Detailseite Verkäufe und Traffic – nach untergeordnetem Produkt (child)). Der Bereich › ***Sonstiges*** umfasst Berichte über Angebote mit fehlenden Informationen.

Bei den Berichten und Statistiken können Sie sich jeweils für bestimmte Zeiträume diverse Informationen zu Ihren Verkäufen und Produkten anzeigen lassen. So haben Sie eine genaue Übersicht über Bruttoproduktumsatz, bestellte Stückzahlen, aufgegebene Bestellungen, Bruttoumsatz pro Bestellung, Stückzahl pro Bestellung, durchschnittlichen Verkaufspreis, Sitzungen, Bestellungen pro Sitzung und die durchschnittliche Angebotsanzahl.

Bei der Auswertung › ***nach ASIN*** gehen Sie bei den Produkten ins Detail, eine wichtige Übersicht zu Ihren Artikeln wird sichtbar. Sie können sich für einen selbst bestimmten Zeitraum anzeigen lassen, wie oft Kunden von Amazon ein Produkt aufgerufen ***(› Sitzungen)*** und es dann auch bestellt haben ***(› Sitzung-Prozentwert).*** Ihren Anteil am Einkaufswagenfeld können Sie hier Produkt für Produkt unter › ***Einkaufswagenfeld-Prozentwert*** einsehen und wissen somit genau, wie Sie im Vergleich zu Ihren Mitbewerbern stehen! Ein weiterer wichtiger Wert ist die › ***Einheit pro Sitzung-Prozentwert***. Hier sehen Sie, wie viele der Besucher Ihres Produktes dann dieses auch gekauft haben. Bei vielen Artikeln liegt dieser Wert weit über 15 %, eine Zahl, die man sich für den eigenen Onlineshop nur wünschen kann – ein weiterer Wahnsinn von Amazon!

Z. B. konnte ich im Jahr 2013 von einer Ballpumpe 29.290 Einheiten verkaufen, bei 88.740 Seitenaufrufen und somit einer unglaublichen Konversationsrate von 33,01 %. Das ist Amazon!

LAGERBESTANDSBERICHTE

› Lagerbestand › Lagerbestandsberichte

Hier können Sie Status und Menge des Lagerbestands in den Amazon-Versandzentren überwachen.

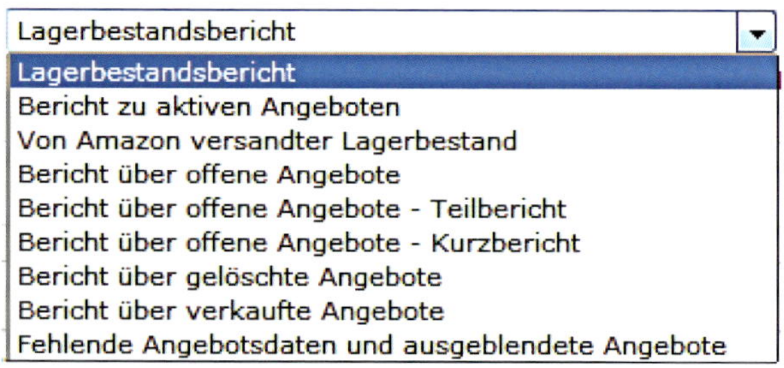

BERICHTE ZU ZAHLUNGEN

› ***Berichte*** › ***Zahlungen***

Neben der aktuellen Übersicht über Ihre Kontobewegungen können Sie sich hier einen Bericht unter dem Reiter › ***Berichte nach Zeitraum*** erstellen.

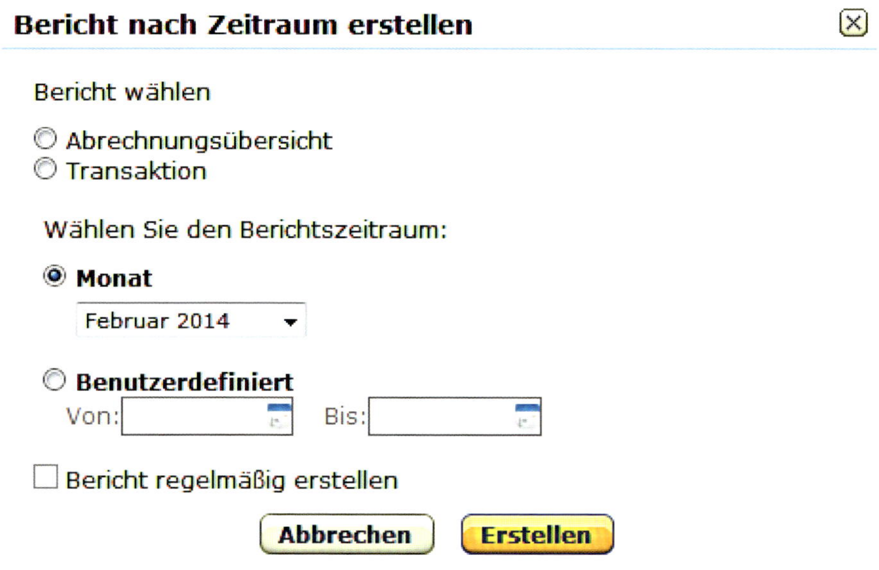

BERICHTE ZU „VERSAND DURCH AMAZON“

› ***Berichte*** › ***Versand durch Amzazon***

Sie können die folgenden Bereiche, die „Versand durch Amazon“ betreffen, hier im Detail auswerten.

LAGERBESTAND

Von Amazon versandter Lagerbestand	Bericht mit allen wichtigen Informationen zu Ihrem Lagerbestand in den Amazon-Logistikzentren
Tagesprotokoll Lagerbestand	Tagesprotokoll der Stückzahlen, Standorte und Zustandsinformationen zu Ihren Produkten, die Amazon für Sie lagert
Monatsprotokoll Lagerbestand	Monatsprotokoll der Stückzahlen, Standorte und Zustandsinformationen zu Ihren Produkten, die Amazon für Sie lagert
Erhaltener Lagerbestand	Bericht über den Eingang Ihrer eingesendeten Ware in den Amazon-Logistiklagern
Lagerbestandsereignisse (Detail)	Informationen zu Ereignissen Ihrer Lagerbestände bei Amazon, wie z. B Umlagerung oder Beschädigung
Lagerbestands-korrekturen	Bericht über Korrekturen an Ihrem Lagerbestand, z. B. durch Fehlbuchungen
Zustandsüberblick über Ihren Lagerbestand	Nachfrage nach Ihren Artikeln und Wettbewerbs-fähigkeit Ihrer Angebote
Lagerbestand mit Ver-sand durch Amazon	Bericht über den aktiven Lagerbestand Ihrer Produkte in den Amazon-Logistikzentren
Grenzüberschreitende Lagerbestandsbewegung	Bericht z. B. über Sendungen, die Amazon außerhalb Deutschlands für Sie getätigt hat
Wareneingangsprobleme	Bericht über Wareneingangsprobleme nach Produkt und Sendung
Bericht zur Änderung des Gefahrgut-Status	Gefahrgut-Status Ihres Lagerbestands in den Amazon-Logistiklägern. Betrifft z. B. Artikel mit Batterien

VERKÄUFE

Von Amazon versandte Sendungen	Detaillierte Informationen zu Bestellungen, die über „Versand durch Amazon" versendet wurden, mit Detailinformationen zu Ihren Kunden
Alle Bestellungen	Alle Bestellungen (sowohl „Versand durch Amazon" als auch Versand durch Sie als Händler) für von Ihnen festgelegte Zeiträume
Alle Bestellungen (als XML)	Bericht im XML-Format
Sendungsumsatz – an Kunden versandte Verkäufe	SKUs, Mengen, Umsatz und Zielort für versandte Bestellungen. Die Daten des Berichts sind 24 Stunden alt

ZAHLUNGEN

Gebührenvorschau	Geschätzte Gebühren für das „Verkaufen bei Amazon" und den „Versand durch Amazon" für Ihren Lagerbestand, den Amazon für Sie versendet. So können Sie anhand dieser Werte Ihre Kalkulation und damit den Verkaufspreis planen
Langzeitlagergebühren	Langzeitlagergebühr-Daten nach Artikel. Wichtig: Sie sollten Artikel, die Amazon im Bericht „Remissionen empfohlen" listet, zurückholen, um diese hohen Langzeitlagergebühren zu verhindern
Erstattungen	Bericht im XML-Format
Sendungsumsatz – An Kunden versandte Verkäufe	Alle Beträge für Lagerbestand, der via „Versand durch Amazon" abgewickelt wurde, für den Sie eine Erstattung von Amazon erhalten haben. Beispielsweise, wenn die Ware durch einen Amazon-Mitarbeiter beschädigt wurde

REMISSIONEN

Remissionen empfohlen	Lagerbestand mit hohem Lageralter. Wichtiger Bericht, um hohe Folgelagergebühren zu sparen oder nicht mehr zu verkaufende Bestände zurückzuholen
Details von Remissionsaufträgen	Status und Produktdetails Ihrer angemeldeten Remissionsaufträgen
Details von Remissionssendungen	Transportdienstleister und Sendungsverfolgungsnummern für durch Ihre Remissionsaufträge veranlasste Rücksendungen, falls Sie beispielsweise eine Sendung nicht erhalten haben oder deren Status prüfen wollen

KUNDENREKLAMATIONEN

Bei Amazon eingegangene Kundenrücksendungen. Die Daten des Berichts sind 24 Stunden alt.

› *Amazon Verkaufscoach Berichte* › *Amazon Verkaufscoach*

Sie haben auch die Möglichkeit, sich regelmäßig und völlig automatisch von Amazon über bestimmte Berichte informieren zu lassen. Wählen Sie hierzu in der SellerCentral-Einstellungen ...

- Alle Benachrichtigungen
- Verkaufschancen
- Chancen auf Preishit
- Produktvorschläge
- Versand durch Amazon nutzen

oder

- Andere Benachrichtigungen

Beispiel:

Aktuelle Gelegenheit, gefragte Produkte anzubieten: Verkaufen Sie diese beliebten Produkte, die derzeit schwierig zu finden sind

Guten Tag SPORTIGALL (Durchgestrichener Preis = Unverbindliche Preisempfehlung des Herstellers),

Verkäufer haben uns gebeten, sie zu informieren, wenn es für bestimmte Produkte wenige Angebote gibt, da ihnen dies helfen kann, erfolgreicher bei Amazon Marketplace zu sein.

Wir möchten Sie deshalb darauf hinweisen, dass viele Kunden in den letzten Wochen nach den unten aufgeführten Artikel gesucht haben. Es könnte deshalb für Sie in Betracht kommen, diese Artikel anzubieten.

Alle Produktmöglichkeiten anzeigen

Erstellen Sie ein neues Angebot | Laden Sie Angebote für mehrere Artikel hoch

Artikel	Produktname	Marke	Kategorie
	Odlo Cap Polyknit Fan Norwegen, white, One size, 772120	Odlo	Sport & Freizeit

ASIN	SKU	Aktuell verkaufbare Menge	Aktuell eingehende Menge	Empfohlene eingehende Menge Woche 1	Empfohlene eingehende Menge Woche 2	Empfohlene eingehende Menge Woche 3
B008SA1BSO	4U-I139-60BE	57	282	0	0	0
B004BST69I	62098	1140	347	0	0	0
B0082VRWBE	D7-63WH-GPO1	668	0	0	0	151

Bestandsergänzungen für Produkte bei › ***Versand durch Amazon***

Urlaubszeit

Egal, ob Sie Ihr Amazon-Business mit oder ohne Mitarbeiter aufbauen und abwickeln wollen: **Es wird stressig!** Und über kurz oder lang werden Sie an den Punkt kommen, wo Sie oder auch Ihr ganzes Team Erholung brauchen. Doch wie soll ein solcher Betriebsurlaub funktionieren? Meine Bestellungen trudeln trotzdem jeden Tag weiter ein und ich kann aus der Türkei oder aus Spanien meine Abwicklungen nicht durchführen.

Amazon wäre nicht Amazon, wenn es hier nicht auch eine ganz einfach durchzuführende Lösung gäbe.

Im Urlaubsfall oder aber auch aus anderen Gründen (Erholung nach dem Weihnachtsgeschäft, Inventurarbeiten, Umzug etc.) können Sie Ihre Angebote vorübergehend entfernen bzw. deaktivieren, solange Sie keine neuen Aufträge annehmen möchten oder können.

Sie sparen sich stundenlange Arbeiten, um z. B. den Lagerbestand manuell auf null zu setzen, und dann wieder die Arbeit, den korrekten Lagerbestand nach Ihrer Rückkehr einzupflegen.

Die Lösung: Setzen Sie den **Angebotsstatus** einfach so lange auf inaktiv, bis Sie wieder Bestellungen erhalten möchten und bearbeiten können.

TIPP: Die Artikel, die Sie im Amazon-Logistikzentrum liegen haben und durch › ***Versand durch Amazon*** versenden lassen, sind NICHT von Ihrem Urlaub betroffen, das heißt also, die Umsätze gehen weiter, ohne dass Sie Arbeit damit haben. Füllen Sie die Bestände bei Amazon vor Ihrem Urlaub also ausreichend auf!

Geld verdienen, während man am Strand liegt: Auch eine tolle Vorstellung, oder? Dank Amazon ist sogar das möglich!

Wählen Sie den Menüpunkt › ***Einstellungen*** › ***Informationen zum Verkäuferkonto*** in Ihrer SellerCentral.

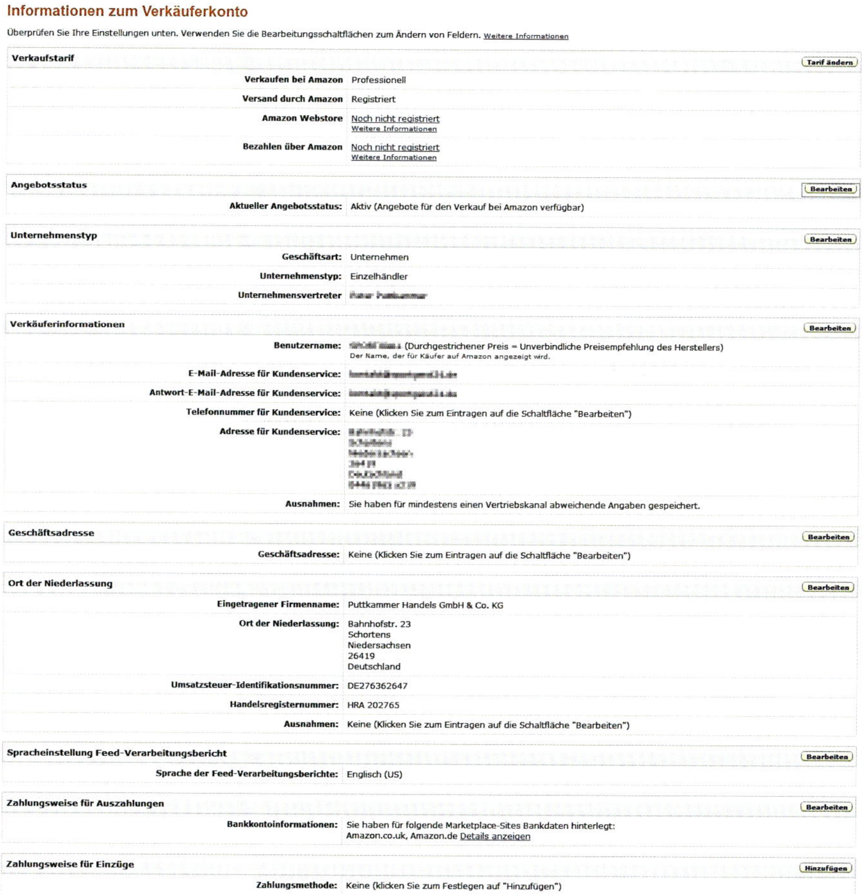

Informationen zum Verkäuferkonto

Überprüfen Sie Ihre Einstellungen unten. Verwenden Sie die Bearbeitungsschaltflächen zum Ändern von Feldern. Weitere Informationen

Verkaufstarif	Tarif ändern
Verkaufen bei Amazon	Professionell
Versand durch Amazon	Registriert
Amazon Webstore	Noch nicht registriert Weitere Informationen
Bezahlen über Amazon	Noch nicht registriert Weitere Informationen

Angebotsstatus	Bearbeiten
Aktueller Angebotsstatus:	Aktiv (Angebote für den Verkauf bei Amazon verfügbar)

Unternehmenstyp	Bearbeiten
Geschäftsart:	Unternehmen
Unternehmenstyp:	Einzelhändler
Unternehmensvertreter	[illegible]

Verkäuferinformationen	Bearbeiten
Benutzername:	[illegible] (Durchgestrichener Preis = Unverbindliche Preisempfehlung des Herstellers) Der Name, der für Käufer auf Amazon angezeigt wird.
E-Mail-Adresse für Kundenservice:	[illegible]
Antwort-E-Mail-Adresse für Kundenservice:	[illegible]
Telefonnummer für Kundenservice:	Keine (Klicken Sie zum Eintragen auf die Schaltfläche "Bearbeiten")
Adresse für Kundenservice:	[illegible]
Ausnahmen:	Sie haben für mindestens einen Vertriebskanal abweichende Angaben gespeichert.

Geschäftsadresse	Bearbeiten
Geschäftsadresse:	Keine (Klicken Sie zum Eintragen auf die Schaltfläche "Bearbeiten")

Ort der Niederlassung	Bearbeiten
Eingetragener Firmenname:	Puttkammer Handels GmbH & Co. KG
Ort der Niederlassung:	Bahnhofstr. 23 Schortens Niedersachsen 26419 Deutschland
Umsatzsteuer-Identifikationsnummer:	DE276362647
Handelsregisternummer:	HRA 202765
Ausnahmen:	Keine (Klicken Sie zum Eintragen auf die Schaltfläche "Bearbeiten")

Spracheinstellung Feed-Verarbeitungsbericht	Bearbeiten
Sprache der Feed-Verarbeitungsberichte:	Englisch (US)

Zahlungsweise für Auszahlungen	Bearbeiten
Bankkontoinformationen:	Sie haben für folgende Marketplace-Sites Bankdaten hinterlegt: Amazon.co.uk, Amazon.de Details anzeigen

Zahlungsweise für Einzüge	Hinzufügen
Zahlungsmethode:	Keine (klicken Sie zum Festlegen auf "Hinzufügen")

Um Ihren Angebotsstatus zu prüfen, klicken Sie auf die Registerkarte › ***Einstellungen*** und dann auf › ***Informationen zum Verkäuferkonto***. Scrollen Sie bis zum Abschnitt › ***Angebotsstatus***, um zu sehen, welchen Status Sie derzeit für Ihr Verkäuferkonto eingestellt haben.

Damit Ihre Produkte zeitweise pausieren, müssen Sie Ihren Angebotsstatus ändern. Klicken Sie auf die Schaltfläche › ***Ändern*** im Abschnitt Angebotsstatus. Setzen Sie den Haken nun auf › ***Inaktiv*** und klicken Sie auf den Button › ***Absenden***, damit das Amazon-System die Änderung speichert. Es kann einige Minuten dauern, bis Ihre Produktangebote für Amazon-Kunden nicht mehr sichtbar sind. Ausgenommen natürlich die „Versand durch Amazon"-Angebote.

Wenn Sie wieder bereit sind, Bestellungen zu empfangen, gehen Sie in der SellerCentral erneut auf die Registerkarte › ***Einstellungen*** und auf › ***Informationen zum Verkäuferkonto***. Scrollen Sie bis zum Abschnitt › ***Angebotsstatus***, um zu sehen, welchen Status Sie derzeit für Ihr Verkäuferkonto eingestellt haben. Setzen Sie den Haken nun auf › ***Aktiv*** und innerhalb weniger Minuten, zum Teil auch Stunden, werden Ihre Produkte und Ihre Angebote wieder aktiviert und für jeden Amazon-Kunden sichtbar – Sie erhalten wieder Aufträge!

Das Amazon-A-bis-Z-Programm

Die A-bis-Z-Garantie ist das Serviceversprechen von Amazon an den Kunden, der bei Amazon Marketplace bestellt und Probleme mit einer Ihrer Bestellungen bzw. mit einem der Marketplace-Händler hat.

Eine der drei folgenden Voraussetzungen muss für die Inanspruchnahme der A-bis-Z-Garantie vorliegen:

1. Der Kunde hat die Ware über die Website von amazon.de bezahlt, aber Sie als Verkäufer haben sie nicht innerhalb von drei Kalendertagen nach dem letztmöglichen voraussichtlichen Lieferdatum oder, wenn dies früher sein sollte, 30 Tage nach Aufgabe der Bestellung geliefert.

oder

2. Der Kunde hat die Ware erhalten, sie war jedoch defekt, beschädigt oder entsprach nicht der angegebenen Beschreibung (Produktbeschreibung, Zustandsbeschreibung etc.).

oder

3. Der Kunde hat den Artikel an Sie als Verkäufer retourniert, aber die vereinbarte Erstattung nach Erhalt der retournierten Ware von Ihnen bisher nicht erhalten.

Amazon rät seinen Kunden aber dazu, Sie als Verkäufer unbedingt direkt zu kontaktieren, bevor ein A-bis-Z-Antrag gestellt wird.

Wenn Sie als Verkäufer dem Kunden zeitnah und freundlich antworten, hat er keinen Grund, einen A-bis-Z-Antrag zu stellen.

Sobald der Kunde einen Antrag gestellt hat, wird Amazon diesen prüfen. Sie werden als Verkäufer darüber informiert, dass ein Antrag eingegangen ist, und können dazu Stellung nehmen oder ggf. eine gerechtfertigte Erstattung vornehmen. Amazon wird diesen Fall prüfen und entscheiden.

Es ist das Ziel von Amazon, Online-Einkäufe für alle Kunden sicher zu machen.

Lesen Sie sich die Beweggründe Ihrer Kunden zu diesem A-bis-Z-Antrag genau durch und reagieren Sie dann durch eine Rückerstattung an Ihre Käufer oder nehmen Sie Stellung zu der Thematik.

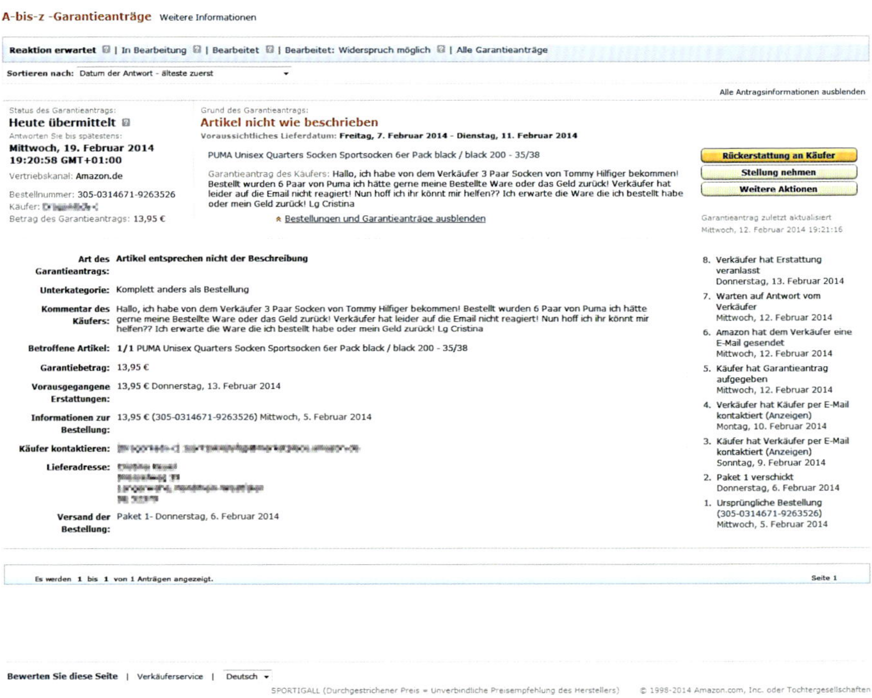

Bei dieser Stellungnahme können Sie Nachweise wie beispielsweise Paketnummern erbringen oder sich zu diesem Fall umfangreich äußern, sodass das Amazon-Team genaue Prüfungen durchführen und korrekt entscheiden kann.

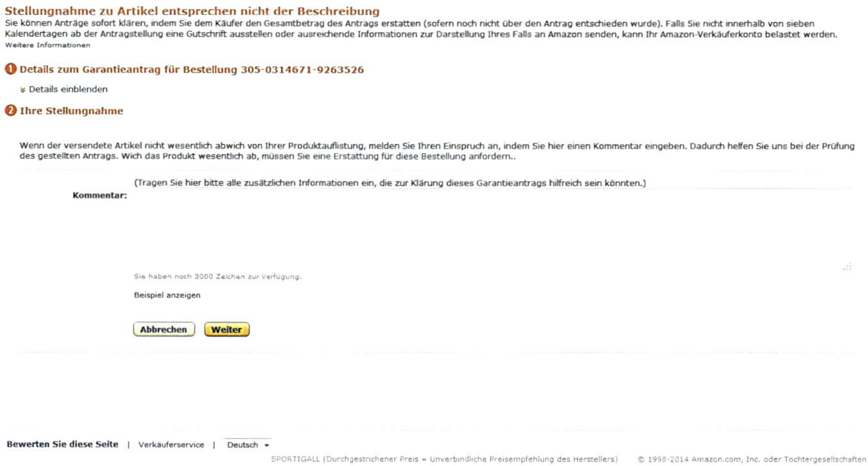
Stellungnahme zu Artikel entsprechen nicht der Beschreibung

Sie können Anträge sofort klären, indem Sie dem Käufer den Gesamtbetrag des Antrags erstatten (sofern noch nicht über den Antrag entschieden wurde). Falls Sie nicht innerhalb von sieben Kalendertagen ab der Antragstellung eine Gutschrift ausstellen oder ausreichende Informationen zur Darstellung Ihres Falls an Amazon senden, kann Ihr Amazon-Verkäuferkonto belastet werden.

Weitere Informationen

1 Details zum Garantieantrag für Bestellung 305-0314671-9263526

Details einblenden

2 Ihre Stellungnahme

Wenn der versendete Artikel nicht wesentlich abwich von Ihrer Produktauflistung, melden Sie Ihren Einspruch an, indem Sie hier einen Kommentar eingeben. Dadurch helfen Sie uns bei der Prüfung des gestellten Antrags. Wich das Produkt wesentlich ab, müssen Sie eine Erstattung für diese Bestellung anfordern..

(Tragen Sie hier bitte alle zusätzlichen Informationen ein, die zur Klärung dieses Garantieantrags hilfreich sein könnten.)

Kommentar:

Sie haben noch 3000 Zeichen zur Verfügung.

Beispiel anzeigen

Abbrechen | Weiter

Bewerten Sie diese Seite | Verkäuferservice | Deutsch

SPORTIGALL (Durchgestrichener Preis = Unverbindliche Preisempfehlung des Herstellers) © 1998-2014 Amazon.com, Inc. oder Tochtergesellschaften

Mit Amazon, nicht gegen Amazon arbeiten

Sicherlich wäre es toll, wenn jeder Neukunde nach dem Kauf bei Amazon Ihre Produkte zukünftig über Ihren eigenen Shop kaufen würde. So schön es auch wäre, in der Praxis sollten Sie das nicht offensiv bewerben, denn es könnte böse enden. Ich habe vor wenigen Tagen, nachdem ich ein Geschenk für meine Frau gekauft hatte, natürlich über Amazon, eine E-Mail des Marketplace-Händlers bekommen, dem ich mein Vertrauen geschenkt hatte.

------------- Anfang der Nachricht -------------

Hallo Herr Puttkammer.

das Armband geht heute noch in die Post.

Wenn Ihnen unser Schmuck gefällt, nutzen Sie unser Angebot.
10 % Rabatt auf die gesamte Kollektion. **Dieses Angebot ist nur bei einer Bestellung über unseren Shop gültig.** Bei einer Bestellung über Amazon nicht. Sie können auch anrufen oder eine Mail senden

Mit freundlichen Grüßen

Der Verkäufer versucht hier offensiv, mich als Kunden weg von Amazon hin zu seinem Shop zu locken, und hat mir hierfür sogar noch einen Rabatt angeboten. Ebenso legte er seiner Sendung einen Katalog bei, der mich für den nächsten Kauf auf seinen Shop lotsen sollte.

Ein gefährliches Spiel, denn es wird Amazon nicht besonders freuen, wenn Sie als Verkäufer nicht Teil von Amazon sein möchten, sondern über Amazon den Kunden zum Teil Ihres Shops machen möchten …

Aus dem Leben eines Amazon-Verkäufers

Wenn man jeden Tag mit Hunderten von Kunden zu tun hat, erlebt man im Laufe der Zeit schon so einige Highlights. Kunden, die Mitarbeiter beleidigen und bedrohen, sind zum Glück selten, die meisten sind außerordentlich nett und freundlich. Einige Storys möchte ich Ihnen trotzdem nicht vorenthalten.

Vor einigen Monaten rief eine Dame bei uns im Kundenservice an und erkundigte sich nach ihrem Paket. Wir haben dann mithilfe der Paketnummer den aktuellen Status der Sendung ausfindig machen können. Die Sendung war durch einen Nachbarn angenommen worden. Das Problem: Als die Kundin den Namen des Nachbarn hörte, sagte sie uns nur, dass sie die Sendung nicht ausgehändigt bekommen würde, weil sie ihrem Nachbarn noch einige Hundert Euro schulde. So mussten wir die Sendung wieder abholen lassen und der Kundin persönlich neu zustellen. So etwas erlebt man auch nicht alle Tage.

Das Weihnachtsgeschäft vor sechs Jahren endete mit einem wilden Anruf an Heiligabend. Nachdem ein Kunde wenige Tage zuvor eine BVB-Bettwäsche für seinen Sohn bestellt hatte, mussten wir zusammen mit dem Kunden leider feststellen, dass der Paketdienst die Sendung als „verloren" gemeldet hatte, denn die Zustellung endete bereits beim Eingangsscan im Versandzentrum. Da der Artikel ausverkauft war, haben wir sofort reagiert und beim Hersteller eine Express-Sendung veranlasst. Die Sendung kam rechtzeitig an, sodass wir die Bettwäsche als Sonderzustellung noch an Heiligabend auf den Weg zum Kunden bringen konnten. Dies haben wir auch direkt dem Kunden mitgeteilt. Natürlich haben wir mit dem Artikel zu diesem Zeitpunkt schon kein Geld mehr verdient, sondern hatten erhebliche Kosten zu tragen. Aber statt den Auftrag einfach zu stornieren, wollten wir den Kunden zufriedenstellen und ihn somit als Stammkunden gewinnen.

Nun zu dem großen Problem, das Heiligabend für einen Eklat sorgte: Um 12:30 Uhr klingelte das Telefon. Am anderen Ende der Leitung war mein Kunde mit der BVB-Bettwäsche. Er hatte die Sendung bisher noch nicht erhalten. Ich prüfte sofort den Versand und musste feststellen, dass die Express-Sendung das Zustelldepot nicht erreicht hatte. Diese Information habe ich unserem Kunden bei einem Rückruf mitgeteilt, worauf das Theater begann.

Zehn Minuten lang hat der Kunde mich am Telefon beleidigt, angeschrien und mir mit deutlichen Konsequenzen gedroht, sollte ich mich nicht sofort in ein Taxi setzen, um die Bettwäsche bis 18 Uhr einmal quer durch Deutschland nach München zu bringen. Als ich auch mal reden durfte, konnte ich dem Kunden nur mitteilen, dass ich die Bettwäsche nicht mehr vor Ort hätte und der Grund für die DHL-Probleme GLATTEIS in ganz Deutschland sei, was jeder andere Kunde verstehen würde. 30 Minuten ging es so weiter und mir wurde angedroht, bei Amazon nie wieder verkaufen zu dürfen, weil der Kunde dort jemanden kenne und so weiter und so fort. Als ich dann mit einem verzweifelten *„Gerne erstatte ich Ihnen den Betrag und schenke Ihnen die Bettwäsche bei Erhalt"* den Kunden beruhigen wollte, folgte ein überfreundliches *„Super, das freut uns sehr!" …*

Ein Anruf, an den ich wohl jeden Heiligabend denken werde.

PHILIPP PUTTKAMMER

amazon

in der KR

TIK

Die Folgen der negativen Presse

Kaum eine Reportage hat in den letzten Monaten und Jahren für so viel Aufsehen gesorgt wie *„Ausgeliefert! Leiharbeiter bei Amazon"*, die von der ARD am 13.02.13 ausgestrahlt wurde.

Die Reportage deckt unwürdige Zustände für Leiharbeiter auf, die in einem Nicht-Amazon-Paketzentrum in Deutschland arbeiten, und die Verhältnisse, die durch die Dokumentation vermittelt werden, sind in der Tat erschreckend.

Was die Dokumentation meiner Meinung nach aber viel zu wenig vermittelt, ist die Tatsache, dass es sich hierbei nicht um Vergehen handelt, die Amazon zu verantworten hat, sondern um die unmöglichen Geschäftsgebaren einer Zeitarbeitsagentur, die von Amazon beauftragt wurde, Aushilfen zu suchen.

Amazon hat, als Folge der Enthüllungen, die Zusammenarbeit mit den Partner-Unternehmen, die für diese Probleme verantwortlich waren mit sofortiger Wirkung beendet.

Oft wurde ich im letzten Jahr gefragt, ob sich diese negative Presse auf meine Umsatzzahlen nieder geschlagen hätte. In der Nachbetrachtung kann ich sagen, dass ich es schon an einigen Tagen und Wochen gemerkt habe, dass ein Teil der Kunden Amazon gemieden hat. Zum Glück hat dieser Zustand aber nicht allzu lange angehalten und wir haben heute wieder eine steigende Anzahl zufriedener Kunden, die über Amazon bei uns einkaufen.

Die „Vereinte Dienstleistungsgewerkschaft", kurz „Verdi" genannt, steht in den letzten Monaten immer als der große Gegner von Amazon in den Medien. Verdi fordert von Amazon, einen Tarifvertrag zu unterzeichnen, der sich an den Tarifen des Einzelhandels orientiert.

Da der Erfolg von Amazon auch unmittelbaren Einfluss auf meinen Erfolg hat, verfolge ich stets hoch interessiert die Berichterstattung über Amazon.

Ich habe mit vielen Freunden und Bekannten in der letzten Zeit über dieses Thema gesprochen. Die Auswirkung der Presseberichterstattung erweckt den Eindruck, dass bei Amazon keine fairen Arbeitsbedingungen herrschen würden und der große Retter Verdi nun mit der Unterstützung aller Amazon-Mitarbeiter dagegen kämpfe und streike. Ich vermute, genau dieses Bild wird Verdi auch gefallen.

Meine Meinung zu diesem Thema ist nach vielen Recherchen allerdings eine ganz andere, aber das würde hier den Rahmen sprengen. Ich konnte mich durch Gespräche mit einigen Lagermitarbeitern von Amazon davon überzeugen, dass das Unternehmen fair und gut bezahlt und auch die Arbeitsbedingungen besser sind als bei einigen Mitbewerbern im Versandhandel. Das ist das, was für mich zählt, um mit gutem Gewissen weiter mit Amazon zusammenzuarbeiten!

Selektive Vertriebsrichtlinien

Es gibt in der Zwischenzeit die kreativsten Maßnahmen, um Einzelhändlern, aus welcher Branche auch immer, das Verkaufen auf Amazon zu erschweren oder gar zu verbieten. Das, was vor Jahren belächelt wurde, steht heute immer mehr im Fokus von Vertriebsgesprächen und -richtlinien. Manche Firmen, wie z. B. Adidas, möchten den Vertrieb über offene Marktplätze wie eBay und Amazon ganz untersagen und sind dabei sehr erfinderisch, wenn es um neue Vertriebsrichtlinien oder – wie Adidas es so schön nennt – „E-Commerce-Bedingungen" geht.

Das Problem der Hersteller ist klar: Immer mehr Händler bringen das Thema „Amazon" zur Sprache, weil dort auch deren Produkte angeboten werden und diese oftmals günstiger als im stationären Handel sind. Da es in Deutschland für diverse Branchen keinerlei Preisvorschriften gibt, muss man sich anders zu helfen wissen, um die eigenen Produkte von den Marktplätzen zu verbannen.

In der Theorie klingt dies einfach umsetzbar, in der Praxis sieht es anders aus. Zu glauben, dass die eigenen Produkte von den Marktplätzen verschwinden würden, wäre nicht nur naiv, es wäre blöd. Warum findet man auch heute, mehr als ein Jahr nach Einführung der „Adidas E-Commerce-Bedingungen", noch Adidas-Produkte bei Amazon?

- Adidas kann Privatkunden nicht verbieten, hier Waren zu verkaufen, seien es Geschenke oder gebrauchte Produkte.

- Ist der Verkäufer bei Amazon kein Adidas-Kunde, kann Adidas ihm auch keine Kundennummer deaktivieren und ihm die Belieferung nicht verweigern.

- Amazon selbst hat Tausende Adidas-Artikel auf Lager, darunter auch aktuelle wie Fußbälle oder Trikots etc. Es scheint hier eine oder mehrere „Quellen" zu geben, die Amazon mit der Ware beliefern, denn Adidas selbst betont immer wieder, Amazon nicht zu beliefern. Die Händler verkaufen also nicht mehr über Amazon, sondern an Amazon direkt.

Und wer ist hier der große Verlierer? Der faire Sportfachhandel, der seine Restwaren bei Amazon und auf anderen Marktplätzen früher verkauft und Artikel so gut platziert hat, dass auch große Mengen abgestoßen werden konnten – eben bis zur Einführung der neuen E-Commerce-Richtlinien!

Der Onlinehandel wird weiter wachsen und den Kunden auch künftig eine nie dagewesene Produktauswahl samt völlig transparenten Informationen wie Preisvergleichen und Produktbewertungen liefern.

Der Einzelhändler, der um die Ernte seiner langjährigen Arbeit gebracht wird, ist bei solchen Aktionen der klare Verlierer, genauso wie der Kunde, dem ein – auch in Zukunft – unaufhaltsam wachsender Markt eingeschränkt wird.

Ich bin sehr gespannt, ob und wie das Kartellamt hier entscheidet. Zwar bin ich von dieser Entscheidung nicht großartig betroffen, da ich nur mit Partnern zusammenarbeite, die mich ausdrücklich beim Verkauf auf den offenen Marktplätzen unterstützen, aber es wäre ein wichtiges Zeichen für den gesamten Onlinehandel und letztendlich für jeden einzelnen Kunden, der online kauft. Sicherlich werden Marken, seien sie noch so groß, Umsatzanteile verlieren, wenn sie auf den zukunftsweisenden Vertriebsplattformen nicht präsent sind, denn der Kunde sucht nicht nur nach bestimmten Marken, sondern auch nach bestimmten Produkten. Wenn er eine bestimmte Marke hier nicht findet, dann greift er zu Alternativen.

Adidas vs. Amazon

Adiletten, die kultigen Badelatschen von Adidas, gehörten mit Sicherheit zu den Bestsellern in diesem Bereich bei Amazon. Tausende Kunden haben sich hier jedes Jahr über diverse Händler eingedeckt und sich die Adiletten bequem nach Hause liefern lassen. Der Verkauf von Adidas-Produkten aller Art über offene Marktplätze war dem Hersteller jedoch scheinbar ein Dorn im Auge, denn er untersagt seinen Händlern seit dem 01.01.2013 das Verkaufen von Adidas-Produkten u. a. über offene Marktplätze, wie z. B. über Amazon, mit einer neuen E-Commerce-Richtlinie.

Händler dürfen Produkte nur noch über ***„von Adidas genehmigte Websites"*** verkaufen. Zielsetzung dieser Richtlinie ist es, so Adidas-Group-Specherin Katja Schreiber gegenüber dem Magazin SAZsport: ***„Unsere neuen E-Commerce-Richtlinien sollen sicherstellen, dass die Darstellung von Adidas und Reebok im Sportartikelumfeld in optimaler Weise erfolgt. Wir werden die Einhaltung der Richtlinien überwachen und sicherstellen."*** Um die Adidas-Produkte im eigenen Shop verkaufen zu dürfen, ist es notwendig, ihn von Adidas prüfen zu lassen. Offiziell will Adidas also den Handel unterstützen und damit eine perfekte Darstellung von Adidas-Artikeln gewährleisten.

Hält man sich nicht an die E-Commerce-Richtlinien, wird man als Adidas-Händler mit folgenden Worten aufgefordert, sie umzusetzen:

> *„Mit dem Schreiben von Anfang Dezember haben wir Sie darauf hingewiesen, dass der Verkauf unserer Produkte auf offenen Marktplätzen gemäß Ziffer 2.1.(b)/(c) der E-Commerce-Bedingungen für adidas-Group-Erzeugnisse untersagt ist. Eine Übergangsphase bei der Umsetzung dieser Regelung wurde bis inklusive 31.12.2012 gewährt. Eine Überprüfung der Marktplatzangebote hat ergeben, dass Sie weiterhin adidas-Group-Produkte anbieten (Anlage 1). Bitte beenden Sie alle Angebote auf offenen Marktplätzen innerhalb von fünf Werktagen, d. h. bis einschließlich den 17.1.2013, 24 Uhr, und bestätigen Sie uns das mit Ihrer Unterschrift auf diesem Schreiben per Rückfax an +49 ... Sollten anschließend immer noch Angebote von Ihnen auf offenen Marktplätzen aufzufinden sein, teilen wir Ihnen hiermit mit, dass wir Ihre Kundennummer sperren und keine neuen Aufträge entgegennehmen werden.*
> *Wir bitten Sie nochmals, den adidas Group E-Commerce-Bedingungen im Interesse unserer bisher guten Zusammenarbeit zu folgen und Maßnahmen zu vermeiden, die bis zur Beendigung der Zusammenarbeit reichen können."*

Entgegen vielen positiv gestimmten Rückmeldungen von Funktionären im deutschen Sportartikelfachhandel stehe ich nach wie vor zu meiner These: **Adidas will mit dieser Aktion die Kunden auf den eigenen Shop lenken, die Marge erhöhen und die Aktionäre zufriedenstellen. Der Handel, der Adidas stark gemacht hat, wird eiskalt erwischt.** Noch vor einigen Monaten konnten Händler ihre Überhänge in Einzelgrößen via Amazon oder eBay verkaufen, um Kapital für neue Ware freizusetzen. Bei bestimmten Produktgruppen, wie beispielsweise Fußballschuhen, war dies auch notwendig, da es hier ständig neue Trends gibt und die verschiedenen Modelle sich daher nur über einen bestimmten Zeitraum gut verkaufen. Die nun eingeschränkten Verkaufsmöglichkeiten sind ein großes Problem für viele Sporthändler.

Ebenso habe ich mit meiner Behauptung, dass es weiterhin Adidas-Artikel in riesiger Auswahl bei Amazon geben wird, Recht behalten. Heute finden wir weit über **40.000 Artikel von Adidas bei Amazon.** [Q] Die Produkte werden also weiter dort verkauft. Der Umsatz geht aber am deutschen Sportartikelhandel vorbei, denn die Verkäufer kommen aus dem Ausland oder bedienen sich am Graumarkt. Sogar Amazon selbst bietet Hunderte Adidas-Artikel ab Lager an. Das Ziel, den deutschen Sportartikelhandel zu unterstützen, ist damit absolut nicht erreicht.

Man muss nicht schon einen Laptop in die Wiege gelegt bekommen haben, um zu verstehen, wie das Kaufverhalten heute funktioniert.

Brauche ich als Kunde einen neuen Schuh und weiß ich genau, welches Modell mir gefällt, suche ich diesen bei Amazon. Sollte der Artikel hier nicht zu finden sein, suche ich bei Google. Ganz oben in der Suchergebnisliste, also dort, wo der Kunde klickt, steht der hauseigene Onlineshop von Adidas.

Dort findet der Kunde alle Artikel, die sein Herz begehrt, und dort wird er auch kaufen – und nicht, wie es scheinheiligerweise die Vorstellung von Adidas ist, ins nächste Sportgeschäft fahren und den Schuh dort erwerben.

Dies wäre eigentlich schon genug, um sich eine Ewigkeit tierisch über das Verhalten von Adidas aufzuregen, welches das Kartellamt nun, völlig zu Recht, überprüft.

Vor einiger Zeit kam ein Kunde zu uns ins Geschäft. Er suchte einen ganz bestimmten Schuh, den wir in seiner Größe leider nicht mehr auf Lager hatten. Als Service, was im stationären Handel das A und O ist, haben wir dem Kunden angeboten, den Artikel schnell zu besorgen und ihn zu informieren, sobald er bei uns eingetroffen ist. Das kleine Problem: Die Lagerbestände dieses Artikels sind bei Adidas komplett ausverkauft. Das große Problem: Der Schuh ist jedoch erstaunlicherweise im hauseigenen Onlineshop, von der *adidas International Trading B.V.* betrieben wird, offensichtlich sofort lieferbar. Wie also soll ich dem Kunden nun klarmachen, dass der Schuh aus dem Adidas-Lager nicht mehr erhältlich, dieser aber im Adidas-Webshop als *„sofort lieferbar"* gekennzeichnet ist…?!? Wir als Händler verlieren hier unsere Glaubwürdigkeit. Als Kunde würde ich mich auch fragen, weshalb ein Händler die Ware von Adidas selbst angeblich nicht nachordern kann, ich mir als Kunde aber diesen Artikel bei Adidas direkt online bestellen kann.

Doch damit immer noch nicht genug:

Das eigentliche Highlight, das dem für uns Sportartikelhändler schwiergen Adidas-Jahr die Krone aufsetzte, hat mich per E-Mail im Dezember, dem wichtigsten Monat für den Sportartikelhandel, erreicht: In einem E-Mail-Newsletter[Q] wirbt Adidas für den eigenen Onlineshop. **15 % Rabatt bei einem Einkauf von 100 Euro, 20 % Rabatt bei einem Einkauf von 130 Euro und sagenhafte 25 % bei einem Einkauf ab 180 Euro – für ausgewählte Artikel.**

Ein Kunde erzählte uns, dass er so einige Fan-Trikots mit 25% Rabatt direkt im Adidas Webshop einkaufen konnte.

Ich glaube, es bedarf keiner weiteren Worte darüber, **in welcher Weise** Adidas dem Sportartikelhandel 2013 „den Rücken gestärkt" hat!

Internethandel im Wandel

Hersteller klopfen mir heute auf die Schulter und wollen mit mir zusammenarbeiten, Kollegen aber kennen mich auf einmal nicht mehr. Wenn es ein Klischee über die Deutschen gibt, das aus meiner Sicht zu 100% zutrifft, dann ist es der Neid. Ich selbst musste es am eigenen Leib mehrfach erfahren, wie sich Menschen verändern, wenn man auf eine bestimmte Art und Weise erfolgreich ist.

Früher waren wir ein kleines Sportgeschäft, bei dem die Handelsvertreter keine Unmengen loswerden konnten. Seitdem wir im Versandhandel tätig sind und im Vergleich zu früher größere Mengen benötigen, bekomme ich fast täglich von vielen Firmen Sondermodelle, Sonderposten in großen Mengen, ganze Sortimente und Marken-Vertriebe für den Endkundenbereich angeboten. Es hat sich herumgesprochen, dass ich Produkte in ziemlich kurzer Zeit erfolgreich am Markt platzieren kann und in der Lage bin, große Mengen erfolgreich zu vermarkten. Da ich den Markt genau kenne und die Produkt- und Verkaufsentwicklungen auf Amazon genau beobachte, habe ich ein sehr gutes Gespür dafür, welche Produkte hier erfolgreich sein können und welche nicht. Dementsprechend setze ich natürlich auch nur auf Produkte, von denen ich absolut überzeugt bin, und lag damit bisher immer goldrichtig. Ich nehme nicht unendlich viele Produkte neu auf, sondern wähle selektiv aus den Angeboten aus und lasse mir die richtigen Produkte mit einer guten Marge in großen Mengen produzieren. So entwickle ich mein Sortiment immer weiter, ohne das Risiko einzugehen, in Artikel zu investieren, von deren Erfolg ich nicht überzeugt bin.

Das ist die Seite der Hersteller, für die große und gute Amazon-Verkäufer immer wichtiger werden und mit denen wir die Zusammenarbeit immer weiter ausbauen werden.

Ganz anders sieht es bei Kollegen aus, die mit kleinen bis mittelgroßen Sportgeschäften über ganz Deutschland verteilt sind. Durch engen Kontakt zu vielen von ihnen besteht auch hier ein großes Netzwerk.

Erinnern Sie sich an meine Geschichte über die Nordic-Walking-Stöcke ganz am Anfang dieses Buches?

Nachdem wir mit dem Verkauf dieser Stöcke begonnen und durch die Restposten und die individuelle Anfertigung große Mengen verkauft hatten, wurden wir massiv angegriffen. Der Verkauf über das Internet war damals noch relativ neu und man hat das World Wide Web als absolutes Feindbild gesehen. Da wir nun Teil davon waren, wurden wir wohl auch zum Feind und das hat man uns spüren lassen. Wir wurden sowohl von Lieferanten als auch von Kollegen aus der Branche stets argwöhnisch beobachtet. Auf Messen haben uns andere Geschäftsinhaber, mit denen wir bis dahin im Austausch standen, plötzlich nicht mehr gegrüßt, man hat sich sogar an einen anderen Tisch gesetzt.

Viele von ihnen starten nun selbst mit dem Onlineverkauf, zum Teil auch über eBay und Amazon. **Das, wofür wir früher angefeindet wurden, ist heute normal und wird nun von genau diesen Kollegen ebenfalls praktiziert und sogar in Gesprächen auf Messen als tolles Instrument zum Verkauf von Überhängen oder auch für Bestseller gelobt. So sieht zumindest die Entwicklung der letzten Jahre aus!**

PHILIPP PUTTKAMMER

DIE gr

ße?

ONLINE-UMFRAGE

Die große Online-Umfrage zum Thema „Amazon“

Eine Umfrage unter mehr als 10.000 Onlineshoppern, die ich durchgeführt habe, hat sehr spannende Ergebnisse geliefert, die sogar mich als absoluten Amazon-Kenner teilweise stark verwundert haben:

85,16 % ■ Bei Amazon

14,44 % ■ Bei eBay zum Sofort-Kauf

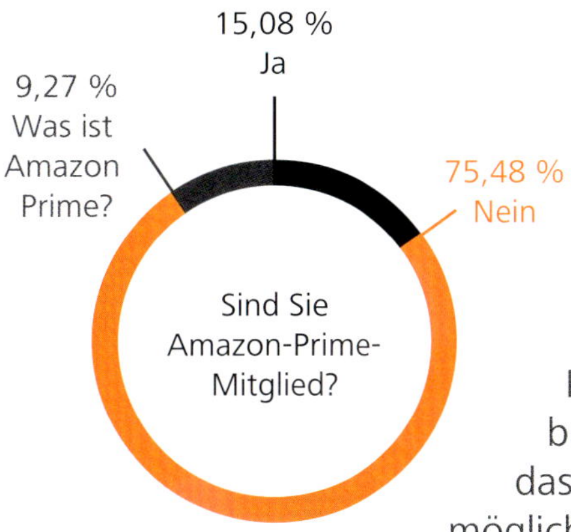
15,08 %
Ja
9,27 %
Was ist Amazon Prime?
75,48 %
Nein
Sind Sie Amazon-Prime-Mitglied?

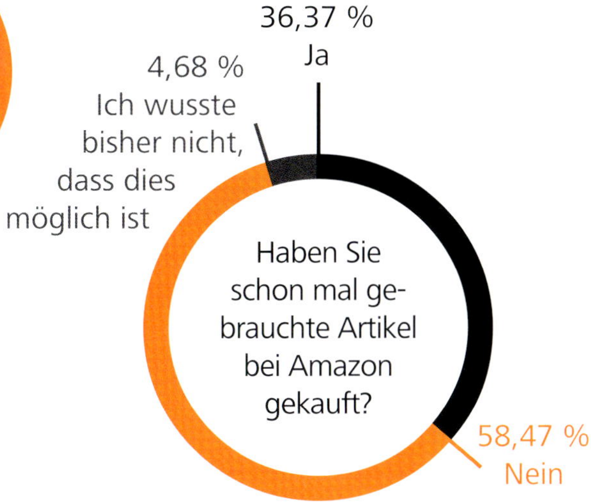
36,37 %
Ja
4,68 %
Ich wusste bisher nicht, dass dies möglich ist
Haben Sie schon mal gebrauchte Artikel bei Amazon gekauft?
58,47 %
Nein

2,98 %
Jede Woche
6,61 %
1 mal pro Jahr
18,87 %
Mehrmals im Monat
Wie regelmäßig kaufen Sie bei Amazon im Durchschnitt?
19,92 %
Jeden Monat
19,11 %
2-4 mal pro Jahr
32,10 %
5-10 mal pro Jahr

WIE WICHTIG SIND DIE FOLGENDEN MERKMALE DER ANGEBOTE FÜR IHRE KAUFENTSCHEIDUNG?

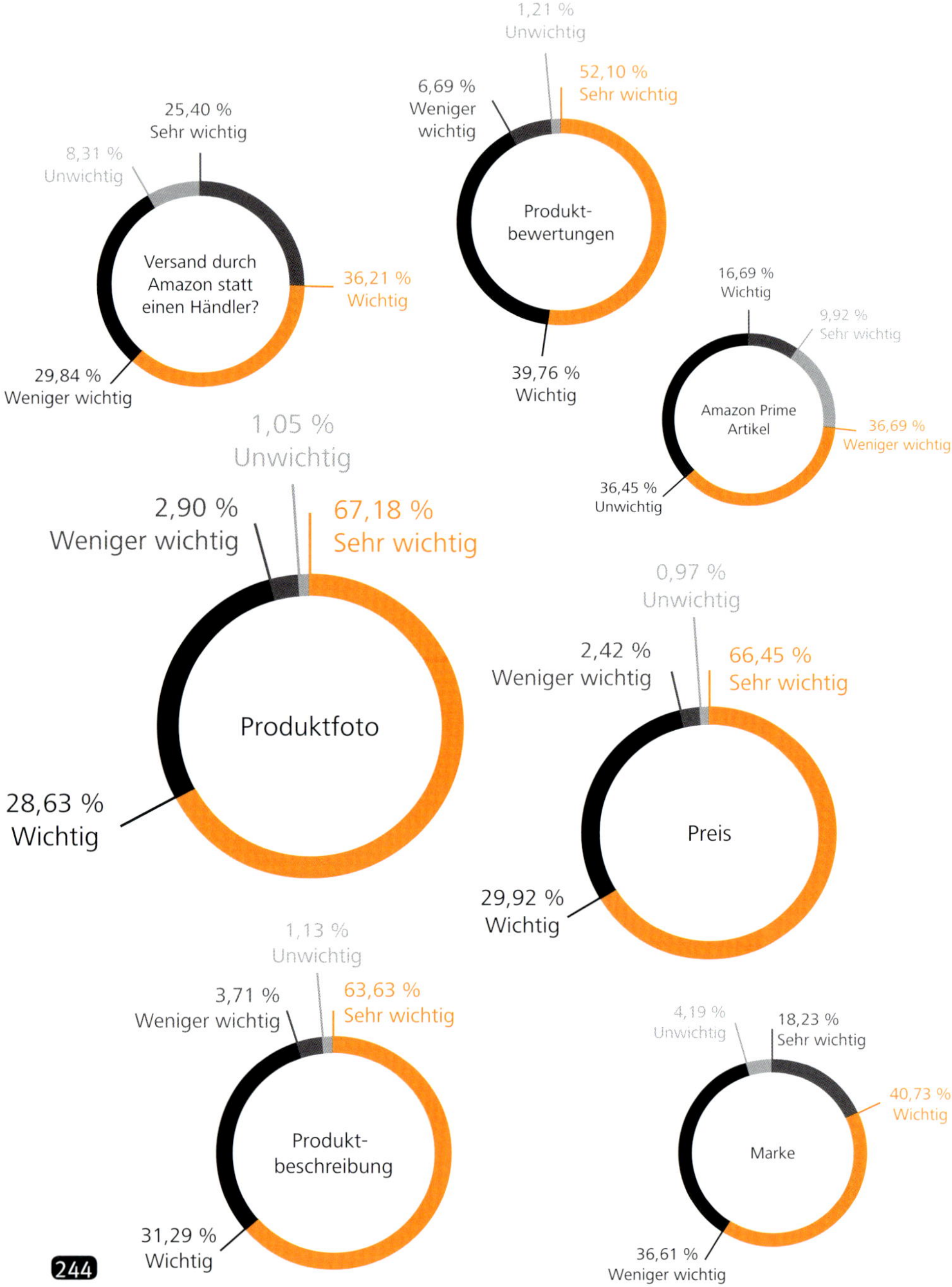

WELCHE AUSSAGE TRIFFT AUF SIE AM EHESTEN ZU?

Ich kaufe bei Amazon, weil …

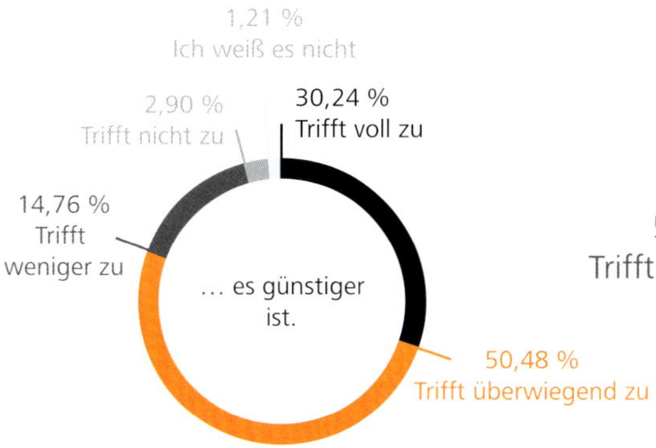

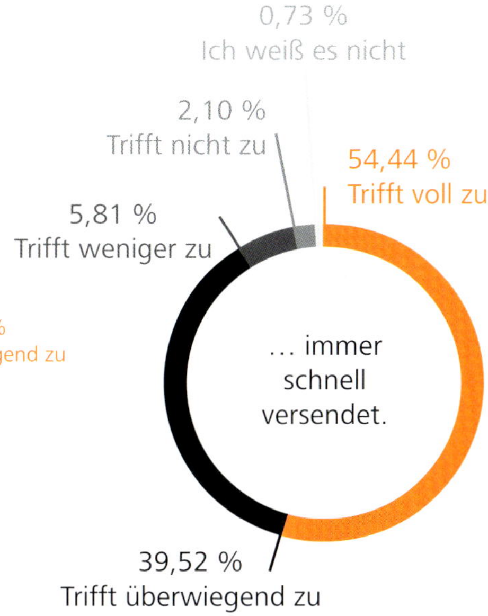

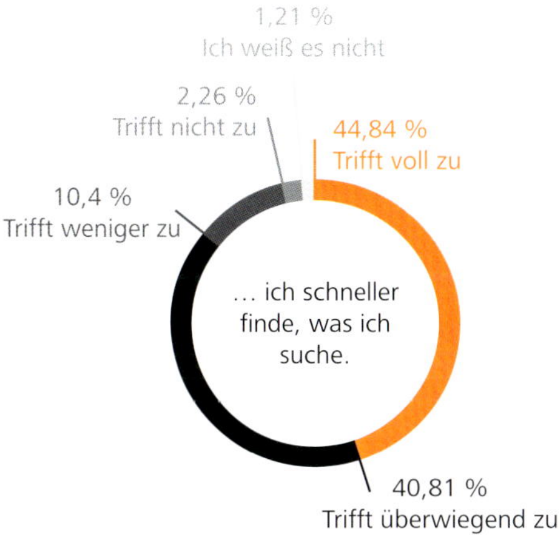

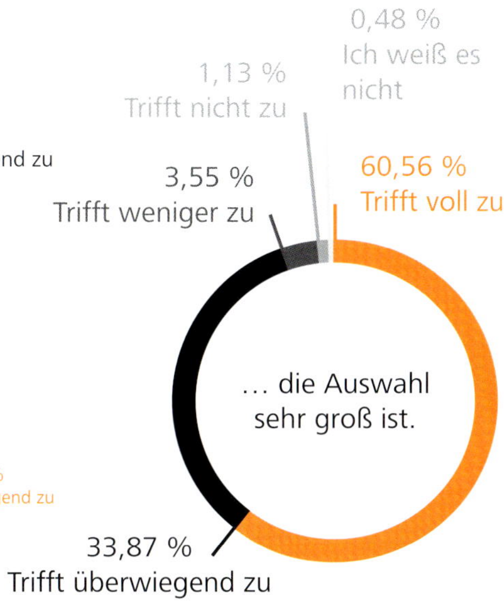

Amazon – das Reisebüro der Zukunft?

Gibt es einen Artikel, den Sie gerne bei Amazon kaufen würden, den es aber noch nicht auf Amazon gibt (z. B. Reisen, Autos ...)?

So simpel meine letzte Fragestellung an die Teilnehmer der Online-Umfrage auch war, so überraschend war die Auswertung der Antworten.

Ein Großteil der Befragten war von meinen Gedankenspielen begeistert. Die Möglichkeit, bei Amazon Reisen aller Art buchen zu können, aber auch Konzertkarten oder Bahntickets, stieß auf gewaltige Zustimmung.

Die Einbindung eines Reisebüros auf amazon.de ist meinen Informationen nach aktuell noch kein Thema. Doch gerade auch durch die faire und transparente Möglichkeit von echten Kundenbewertungen für Reisen, Busfahrten oder Veranstaltern und das Vertrauen der Kunden gegenüber Amazon würden mit Sicherheit dafür sorgen, dass Amazon innerhalb kürzester Zeit auch in diesen Produktsegmenten eine entscheidende Rolle einnehmen könnte.

Wohin führt der Weg?

Ich werde fast täglich von Journalisten, Händlern, Freunden und Geschäftspartnern gefragt, wohin der Weg von und mit Amazon noch führen wird. Meiner Meinung nach stehen wir noch lange nicht an der Spitze, dem Umsatzhöhepunkt von Amazon. In den kommenden Jahren wird der Anteil des Onlinehandels am gesamten deutschen Einzelhandel noch einmal deutlich steigen und ich rechne hier mit einem Wachstum, das weit über den aktuellen Schätzungen von Experten liegt. Der Anteil von Amazon an diesem immer größer werdenden Stück Kuchen des Einzelhandelsumsatzes wird weiter wachsen. Es können heute meiner Meinung nach nur noch Onlineshops überleben, die sich spezialisieren und etwas anbieten, was in dieser Fülle, Wertigkeit, Qualität und Art sonst keiner anzubieten hat.

Wie ich heute selbstverständlich meine Bücher, DVDs und CDs bei Amazon kaufe, werde ich in den kommenden Jahren auch viele andere Artikel – denkbar ist sogar ein großer Teil der Lebensmittel – bei Amazon einkaufen, auch wenn ich diesem Markt nicht die besten Chancen einräume.

Ich kann in diesem unvorstellbar großen Kaufhaus alles erstehen, was ich brauche, bekomme es bequem und schnell nach Hause geliefert und kann vor allem anonym bleiben, was viele Branchen mit Sicherheit auch beleben wird. Gerade der Punkt der Anonymität beim Kauf von Produkten, die dem Kunden im Einzelhandel unangenehm wären, könnte das zukünftige Wachstum weiter verstärken.

Amazon wird weiter wachsen und in naher Zukunft auch Produktgruppen aufnehmen, mit denen heute vielleicht noch keiner rechnet, einfach, weil sie es können! Ich möchte sogar behaupten, dass Amazon innerhalb kurzer Zeit (wenn das Unternehmen es wollte) das führende Reisebüro, das größte Möbelhaus der Welt, die führende Apotheke oder sogar der weltweit größte Blumenhändler werden könnte.

Glauben Sie mir, Amazon wird uns die nächsten Jahre immer wieder überraschen und weiterhin Geschichte schreiben.

Nutzen Sie Ihre Chance und werden Sie ein Teil davon!

Kurzporträt

Philipp Puttkammer

Philipp Puttkammer, der heute mit seiner Frau und seinen beiden Kindern an der idyllischen Nordseeküste lebt, ist in der Welt des Commerce groß geworden. Nach ersten Erfahrungen im elterlichen Sportgeschäft hat er zusammen mit Experten eigene Produkte und Waren entwickelt, die er schon bald erfolgreich über den Versandhandel vertreiben konnte. So hat er neben dem B2B-Handel schließlich im eigenen Webshop und in verschiedenen Portalen reichlich Erfahrung im Bereich e-Commerce gesammelt, bis er der Faszination des Giganten Amazon erlag. Durch die Konzentration seines Vertriebs auf die Marktplätze von Amazon etablierte er seine Marken europaweit. Inzwischen platziert er regelmäßig Produkte in den Top 100 der meistverkauften Artikel bei Amazon.

Der versierte Händler will jedoch nicht nur seine Begeisterung über die vielfältigen Möglichkeiten dieser Online-Plattform mit anderen teilen, sondern auch sein Insiderwissen, das die Basis seines Erfolgs ausmacht. Als gefragter Interviewpartner in Funk und Fernsehen gibt er ebenso gerne Tipps und Informationen weiter wie als unabhängiger Berater und Referent zum Thema „Verkaufen bei Amazon".

Um dieses Fachwissen auch der breiten Masse verfügbar zu machen, hat er sich entschlossen, 2014 sein erstes Buch zu veröffentlichen und präsentiert gleichzeitig dazu seinen ersten einen hochkarätigen Online-Workshop zu drehen und unter auf ***millionärsfabrik.de*** mit noch mehr Tipps und Tricks um auf Amazon erfolgreich zu verkaufen.

Quellenangaben

Seite	Zitate/Quellen
17	http://www.sec.gov/Archives/edgar/data/1018724/000119312513028520/d445434d10k.htm
20	http://www.forrester.com/Why+Amazon+Matters+Now+More+Than+Ever/fulltext/-/E-RES76262
20	http://amazon-presse.de/pressetexte/pressemeldung/year/2014/month/january/day/09/article/amazon-verzeichnet-rekordjahr-fuer-marketplace-verkaeufer.html
26	http://www.slate.com/blogs/moneybox/2013/01/29/amazon_q4_profits_fall_45_percent.html
30	http://www.amazon.de/gp/feature.html?ie=UTF8&docId=1000690253
30	www.amazon.de/oral-b-outlet-shop.de
31	https://www.youtube.com/watch?v=3MEWq6hIIJ8
32	https://twitter.com/mariobarth
32	https://twitter.com/sportfreunde
35	http://www.sec.gov/Archives/edgar/data/1018724/000119312513028520/d445434d10k.htm
36/37	http://www.amazon.de/b/ref=footer_community?ie=UTF8&node=2616664031
40/41	http://www.amazon.de/Locations-Deutschland-Luxemburg/b?ie=UTF8&node=202988011
54	https://kdp.amazon.com/
58	http://services.amazon.de/programme/produktanzeigen/wie-es-funktioniert.html http://g-ecx.images-amazon.com/images/G/03/amazonservices/as-eu-pads-buy-box._V354385631_.gif
66	http://amazon-presse.de/pressetexte/pressemeldung/year/2014/month/january/day/09/article/amazon-verzeichnet-rekordjahr-fuer-marketplace-verkaeufer.html
66	http://www.faz.net/aktuell/wirtschaft/netzwirtschaft/interview-mit-deutschlandchef-ralf-kleber-amazon-ist-nicht-asozial-12708260.html
67	http://www.sec.gov/Archives/edgar/data/1018724/000101872414000006/amzn-20131231x10k.htm
69	https://sellercentral.amazon.de/gp/help/help-page.html/ref=ag_69106_cont_scsearch?ie=UTF8&itemID=69106
71	http://www.amazon.de
72	http://services.amazon.de/programme/online-verkaufen/preisgestaltung.html
133-135	http://g-ecx.images-amazon.com/images/G/03/images/FBA_DE_RateCard_ENJan2014.pdf
151	Bundesgesetzblatt vom 4. April 2008
190	http://g-ec2.images-amazon.com/images/G/03/webinar/20131015DESOAWebinarSellerPerformanceXmas.pdf
193	http://g-ec2.images-amazon.com/images/G/03/webinar/20131015DESOAWebinarSellerPerformanceXmas.pdf
238	http://www.amazon.de/s/ref=sr_pg_3?rh=i%3Aaps%2Ck%3Aadidas%2Cp_89%3Aadidas|adidas+Originals|adidas+Performance&page=3&keywords=adidas&ie=UTF8&qid=1396355597
239	Newsletter von adidas@adidas-news.adidas.com vom 19.12.2013 – 05:22 Uhr

Platz für kleine Gedanken oder große Ideen